THINKING WITH YOUR EYES
—VISUAL THINKING TRAINING

用眼睛思考
——视觉思维训练

叶 丹 著

中国建筑工业出版社

图书在版编目（CIP）数据

用眼睛思考——视觉思维训练/叶丹著．—北京：
中国建筑工业出版社，2011.8

ISBN 978-7-112-13451-9

Ⅰ.①用… Ⅱ.①叶… Ⅲ.①思维方法–通俗读物

Ⅳ.①B804-49

中国版本图书馆CIP数据核字（2011）第156413号

本书以哈佛大学教授阿恩海默的《视觉思维》理论为基点，提出了现代教育中过于理性化、缺乏眼和手的锻炼（观察和动手）等方面的问题。通过原理学习和课题训练提高学习者的观察能力、想象能力和动手构绘能力。本书最大特点是每个章节均通过课题训练来提高学习效果，并附有优秀的学生作业。由于没有标准答案，所以这些作业仅仅是众多答案之一，为本书读者的创造性学习提供了交流平台。

* * *

责任编辑：陈小力
责任设计：董建平
责任校对：肖 剑 赵 颖

用眼睛思考
——视觉思维训练
叶 丹 著
*
中国建筑工业出版社出版、发行（北京西郊百万庄）
各地新华书店、建筑书店经销
华鲁印联（北京）科贸有限公司制版
北京中科印刷有限公司印刷
*
开本：787×960毫米　1/16　印张：8¾　字数：160千字
2011年10月第一版　2011年10月第一次印刷
定价：36.00元
ISBN 978-7-112-13451-9
　　（21195）

目　录

第1章
导 论

　　"视觉思维"的概念，最初是由美国哈佛大学心理学教授鲁道夫·阿恩海姆（Rudolf Arnheim）于20世纪60年代末出版的《视觉思维》（Visual Thinking）中提出的。在这部著作中，他不仅阐述了视知觉的理性功能问题，还提出了"视觉意象"（Visual Image）在人类的一般思维活动，尤其是在创造性思维活动中的重要作用和意义。半个多世纪以来，视觉思维的理论已被应用在艺术、科技、教育等领域。本书以"三问"为引导，对视觉思维以及以此为理念的思维训练作系统论述。

　　1. 视觉思维是如何提出的？

　　2. 视觉意象是什么？

　　3. 现代教育缺少什么？

1.1 视觉思维是如何提出的

在观念上我们把人才分为两种类型：一种是富有科学理性思维的科技人才，另一种则是以感性思维见长的艺术人才。现实中，前者对感性往往采取不信任的态度，把理性思维看成是一种完全超越了感知范围的"科学理性"；而后者则对理性采取排斥的态度，认为它是艺术的敌人。这在一定程度上导致了感性与理性、科学与艺术的割裂，而且这种裂痕在现代人才选拔机制——高考的指挥棒下有越来越严重的趋势。

回顾一下我们接受教育的过程就会清楚地看到：只有在幼儿园和小学低年级有手工制作、形体舞蹈、音乐美术这些通过对感知的训练提高思维能力的课程。一旦进入小学高年级，如同走进"中考"的快车道，感知的训练就成为培养业余爱好、放松心情的副课，教师和家长会督促学生把主要精力放在算术、语文这样的主课上。到了中学阶段，尽管在提高素质教育的旗帜下有少数人文艺术欣赏之类的课程，需要花一定时间去体会摸索的感知训练课程就少得可怜，只有极少数学生还保留着对艺术课程的兴趣。通过高考进入大学进行专业学习，人才基本定型为理工型和人文艺术型。问题是：这种分类是成才过程中自然选择的结果，还是教育的后果？是社会分工越来越专业的需要，还是导致"培养不出创新人才"的直接原因？

教育界、学术界不乏对上述现象有反思的声音，著名的"钱学森之问"就是其中的代表。值得注意的是，那些20世纪初接受现代教育，后来成为学术界赫赫有名的学者身上却鲜有这种现象：被称为"中国航天之父"的钱学森，是一个对音乐、绘画、文学等方面颇有研究的人；数学大师华罗庚不仅在数学上取得了卓越的成就，还写得一手好诗，还有不少优秀科普著作问世；著名数学家苏步青还是个颇有名气的诗人；诺贝尔物理学奖得主李政道对诗词歌赋、国画、京剧等都有特殊的爱好。要问的是：在科技、文化、教育不断进步的今天为什么出不了这样的大师？

20世纪中，类似的问题曾经引起美国教育界、学术界的高度关注。美国伊利诺伊大学教授拉尔夫·史密斯指出，这种情况不仅给人类造成通向真理之路的障碍，而且引起了现代人的各种"营养缺乏症"。"科学的探索是有局限性的，它为了追求高度抽象的思维而排除了一切人类目的所包含的意义"。[①]为了探明其中的原因，数学家雅克·阿达玛（Jacques Hadamard）甚至向全美著名数学家作过一个问卷调查：在自己的创造性工作中使用何种类型的思维。其调查结论是：大多数数学家的心理画面是视觉型和动觉型的。爱因斯坦的回答更具体："在人的思维机制中，作为书面语言或口头语言似乎不起任何作用。好像足以作为思维元素的心理存在，乃是一些符号和具有或多或少明晰程度的表象，而这些表象是能够予以'自由地'再生和组合的。对我而言，上述心理元素是视觉型的，有的是动觉的。惯用的语词或其他符号则只有在第二阶段，即当上述联想活动充分建立起来并且能够随意再生出来的时候，才有必要把它们费劲地寻找出来。"② 爱因斯坦的回答和调查结论恰好证明了"理性的科学家"在创造性活动中的知觉思维特征。

对这个问题作出深入研究的是哈佛大学心理学教授鲁道夫·阿恩海姆，他在《视觉思维》一书对这个问题提出了自己的观点：感知与理智、艺术与科学相互排斥的现象植根于西方文化传统的偏见，实际上已给人类造成了不可估量的损失和危害。由于这种分裂，艺术家把自己封闭在象牙塔内，清高孤傲、自成体系；科学家不问艺术，教育家忽视艺术，所有正规中学和大学都把艺术作为可有可无的东西，整个社会都把艺术当成生活的点缀品。这样一来，人们便丧失了一个通向真理、通向认识自身和社会的重要途径。正是西方文化中这种"知觉偏见"导致了当今感性与理性、艺术与科学之间的分裂。找到原因后，阿恩海姆在他先前的："一切知觉中都包含着思维，一切推理中都包含着直觉，一切观测中都包含着创造"③理论基础上，首次提出了"视觉思维"的概念，并用大量的知觉心理学试验和艺术实践的事实材料，对"视觉思维"进行了系统而深入的研究。

1.2 视觉意象是什么

值得注意的是，"视觉思维"概念对西方传统哲学或一般心理学的经典理论构成了挑战。但在知觉心理学、特别是创造性思维的研究上，打开了知觉与思维之间严格界限的最初窗口。《视觉思维》中的重要论点：视觉具备思维的理性功能，以及一般思维活动，特别是创造性思维活动离不开"视觉意象"，对创新教育具有特别重要的指导意义。

那么，与创造性思维密切相关的"意象"（Image）指的是什么？

这个"意象"不是传统观念上对客观事物完整、机械的复制，而是对事物总体特征积极主动的把握。譬如，看到了一辆小汽车，但不清楚它是商务车、旅行车还是跑车；看到一张纸币，但不清楚是哪国币种；看到一个人，但说不清是本国人还是外国人。这是一种既具体又抽象的意象，同时也是自相矛盾的模糊意象。这种视觉意象不仅直接来源于对象本身，而且也可以由某些抽象概念间接传达。例如说到高大威猛，心目中便会现出一个昂首挺胸、气壮如牛的形象；一条蛇被简化为S形曲线；一棵树则用简洁的几何形来呈现。所以说，意象是一种既具体又抽象、既清晰又模糊、既完整又不完整的形象。说到底，这是一种代表事物之间本质或代表着某种内在情感表现的"力"的图示。由于它的动力性质，其本身的运动"逻辑"，变成了创造性思维活动中的推动力。

我们可以通过下面的难题来观察自己的思维路径。

训练课题01：金字塔的高度

在古代埃及，人们面对巍巍壮观的金字塔时，心中始终存在"它究竟有多高"的迷惑。有一天，古希腊哲学家泰勒斯（Thales）来到了金字塔下，深为金字塔的非凡气势所折服。当他听说自金字塔建成之后，竟无人能测量出它的高度时大为惊讶，便答应亲自来解决这个难题。

在一个风和日丽的早晨，泰勒斯和助手带了一把尺子再次来到金字塔下。初升的阳光斜照金字塔前的空旷地，人影拖得很长。太阳渐渐升高，当助手测得泰勒斯的影子长度跟身高一致时，泰勒斯立即将金字塔的影子做上记号，并用尺子量出影子长度。然后，泰勒斯当众宣布了金字塔的高度。好奇的人们为哲学家的智慧而欢呼雀跃。

请问泰勒斯究竟用了什么数学原理解决这个了问题？

不用急着寻找问题的答案，不妨对审题—分析—解题的思维过程作一番考察：思维是如何被表现出来的？借助了何种思维工具？

首先，通过对文字的阅读在脑海里勾勒出一个阳光下的金字塔、泰勒斯与助手工作的场景，虽然我们大部分人没有游览金字塔的经历，但这个场景可以借助以往的生活经历以及影视作品留下的"意象"得到感觉上的重现。接下来会在纸上图解金字塔、人和影子的关系。由此可以看出，思维是通过意象、感觉、文字表达出来的。其次，在解题过程中要抽象出基本要素，排除一些诸如"巍巍壮观"、"非凡气度"等无关紧要的信息，找出最关键的词句，并用简洁的线条、箭头和符号图解题意，这是至关重要的步骤。没有这些，思维就无法深入下去。

接下来就要灵活运用思维工具和方法寻找问题的答案。由于那时人们对几何原理还不清楚，泰勒斯的智慧在于采用了视觉思维解决难题：当人的影子长度等于身高时，就构成了一个等腰直角三角形；同样，金字塔中心垂线与影子也在同时构成了等腰三角形（图1-1）。在这里泰勒斯灵活运用两个不同事物之间的相同因素，这叫"潜在相似"。关于"意象"问题将在第五章作深入地讨论。

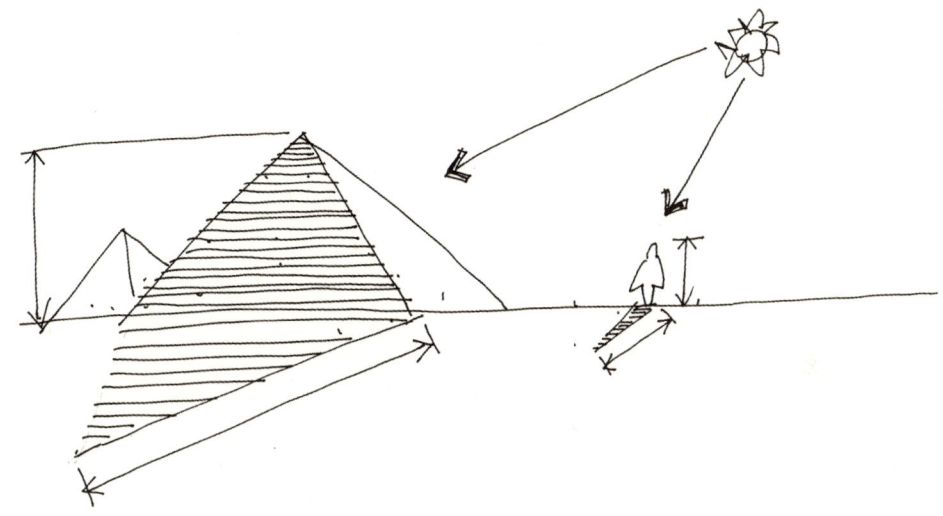

图1-1 金字塔的高度

1.3 现代教育缺少什么

现代科学研究证明：人的左脑负责语言、文字、分析、判断；右脑用意象进行思维，负责图形、色彩、音乐、影像等非语言系统。长期以来，我们的教育制度过度重视培养学生的语言与逻辑思维能力，而忽视右脑发展。从幼儿园、小学、中学到大学教育，我们一直都在强化读、写、算的能力，而忽视感觉经验的获得。除极少数人能在艺术上有所发展外，大多数人都在不断强化逻辑思维和语言表达的能力。阿恩海姆指责这种现象的存在是西方现代教育体系中的严重缺陷，并认为在教育领域中，正是这种过分强调读、写、算的教育，使学生在语言逻辑的思维能力方面不断得到加强，相应的视觉思维能力日益受到削弱和衰退。读、写、算教育的特点是，学生不能直接去感受那种鲜活的视觉意象，所能利用的只是一些间接获得的、条理化的、已经规范化的知识。在这种方式引导下的现代教育，难以发挥学生的能动性进行自由选择，也难以摆脱现成规范或已有程式而由学生直接感受或体验事物的本来面目。所以，读、写、算教育尽管在个体认知发展的一定阶段是必要的，但在利用现成知识的基础上，突破已有规范进行创新活动，就很难有所作为了。

训练课题02：看图写字

- 请用5~8句话来描述你所看到的图片（图1-2、图1-3）。
- 请用文字描述看图时的视觉心理感受。
- 时间：5分钟。
- 写完后把答案贴在墙上。
- 互相观摩，作出评价和打分，评比出哪位同学的文字描述最精彩。

图1-2 风景图片一

　　群山脚下一片生机盎然的树林，茂密的树林环抱着一湾清澈的湖水，林中的绿树高耸入云。宁静的湖水倒映着蓝天白云，镶嵌着嶙峋的怪石。湖边绿草丛生、鸟语花香，一片生机勃勃。（李健08012216）

　　这里十分寂静，与世隔绝，散发着喧闹都市所没有的轻松自在的气息。在这里我们可以抛弃所有的烦恼，与山水为伴，静静地感受大自然的魅力。（田丹萍08012103）

图1-3 风景图片二

溪流急匆匆地从山顶流下，在山崖间形成一道道水帘，在水的衬托下，山间的小树格外的绿，山下的溪流积成了小河。人们在小河上划船嬉戏，好一幅山间溪流图。（陈旭杰08902212）

没有黄果树瀑布的飞流直下，也没有潺潺小溪的温婉柔和，只是缓缓地走下台阶，一路歌唱着并肩而行，犹如一群豆蔻年华的少女嬉笑着走过不老的青葱岁月，相互嬉闹着奔涌向前。（陈晶晶08902101）

面对一张美丽的风景图片时，我们感到赏心悦目、浮想联翩。但是一旦把视觉意象和心理感受转换为抽象的文字，自认为精彩的语言描述不仅无法让他人体会到所见所闻的新鲜感受，而且自我感觉到文字表现力的贫乏。视觉思维与言语思维的不同点在于它能传递文字无法言说的信息，其特点是直接、具象、丰富和鲜活的。这种"非线性传递"与情感相结合，就会派生出无数"浮想联翩"的新鲜意象。

现有的教育方式，尤其是理工科教学，比较排斥"感性"、"形象"的东西，认为这些属于艺术的范畴，这对创新意识和能力的培养大打折扣。阿恩海姆认为："科学家也同艺术家一样，通过创造形象来对他生活的外在世界和人类内心世界进行解释。当然，创造感性形象并不是一个科学家所做的唯一的事情。一个物理学家、生物学家或一个社会学家，要花费大量精力和时间来收集材料，检验它们的有效性，对它们进行测量和计算，以便验证自己的预言和假设。然而所有这样一些活动都只是取得最终的发现和最终解释的准备，而要发现和解释又必须要有感性的模型。正如亨利·波因卡罗（Henry Poincare）所说'逻辑能帮我们证明，发现却必须依靠直觉'。"④

图1-4　视觉思维教学现场

教学中如何提高学生的知觉思维水平，在传授知识的同时提供鲜活的感性生活体验，提高学生对生活中的各种事物的感受能力，并把激发出来的感受力和创造力运用到知识创新中去。这对教师是一个挑战。美国斯坦福大学教授、心理学家麦金（R. H. McKim）为此作了积极的探索。在视觉思维理论指导下，麦金作了非常有价值的研究和教学实验，并在"创造性思维训练"课程上，提出了观看（Vision）、想象（Imagination）和构绘（Composition）三种能力相结合的教学模式。

这三种能力都与视觉活动有关，在教学中通过对三种能力的训练，来提高学生的创造性思维能力。麦金认为视觉思维是借助三种视觉意象进行的：其一是"人们看到的"意象；其二是"用心灵之窗所想象的"；其三是"我们的构绘，随意画成的东西或绘画作品"。"虽然视觉思维可能主要出现在看的前前后后，或者仅仅出现在想象中，或者大量出现在使用铅笔和纸的时候，但是有经验的视觉思维者却能灵活地利用所有这三种意象，他们会发现观看、想象和构绘之间存在着相互作用"。⑤

本书以阿恩海姆的视觉思维理论和麦金创造性思维训练的教学实践为指引，设计具有知识性、趣味性、实验性的课题，引发学生关注生活中事物的构造、材料，以及相互间的关系。在增强知觉感受能力的基础上提高创造性学习的兴趣。需要说明的是，本书中训练课题没有标准答案，具有"无数解"的性质。此外，所有作品的作者在上大学之前没有受过专门的美术之类的训练，都是以理科成绩考入工科型大学的学生。这些作品可能还够不上"艺术品"，但是通过感性训练课程后的作业形态与以往不可同日而语，常常让作者本人和同学们陶醉半天。好！我们试着打开视觉思维之窗，学会用感觉来表达，譬如图解、图表或模型，而少用文字、计算。下面的两个课题在构思阶段就不必借助"计算"，而试着调动视觉、触觉能力提出解决方案。

训练课题03：麦比乌斯曲面

• 在一张正方形的卡纸上任意剪一刀，然后做一个仅有一个面和一条边的麦比乌斯曲面。不要通过计算或画草稿来获得预想方案，直接对纸进行试做。

• 至少做10个草稿，探讨剪开的各种线形（直线或曲线）对整体造型的影响。

• 对10个草稿进行逐个评估，选择其中2个能充分体现纸材特性的曲面舒展、翻转自然的造型，并对其"任意一刀"的线形作反复修正，研究形成曲面变化的因素。

• 材料：210×210卡纸、8寸纸盘、白乳胶。

• 工具：剪刀、美工刀、透明胶带等。

"麦比乌斯带"在数学中属拓扑型问题，是由德国数学家、莱比锡大学教授奥古斯特·莫比乌斯发现的。这种带是由一条长纸带将其扭曲，然后将两端粘在一起就成了（图1-5、图1-6）。荷兰画家埃舍尔⑥（图1-7）在1968年所作的蚀刻画形象地诠释了麦比乌斯带的奥秘：几个蚂蚁在这个网架上永远走不到尽头（图1-8）。这个名为麦比乌斯曲面的课题需要选择合适的材料以及凭借"视觉判断力"来设计制作"与众不同的麦比乌斯带"。

"孔明锁"相传是三国时期诸葛孔明根据八卦原理发明的玩具，来源于中国古代建筑独有的榫卯结构（图1-10、图1-11）。建筑师和设计师常常把对孔明锁（或称孔明榫）的研究纳入自己的专业研究范围。对孔明锁原理的研究涉及几何学、拓扑学、图论、运筹学等多门学科。我们对孔明锁的兴趣点则是结构本身，

图1-5　奥古斯特·费迪南德·麦比乌斯（1790–1868）

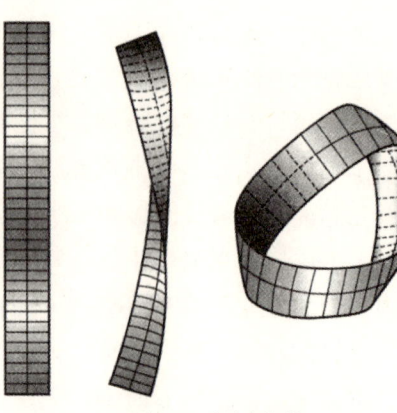

图1-6　麦比乌斯带

图1-7　M·C·埃舍尔（1898–1972）

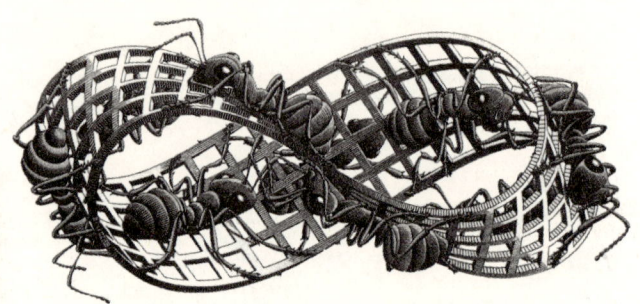

图1-8　红蚂蚁　作者：埃舍尔

图1-9　麦比乌斯曲面
设计：徐清涛、姚国强、李健

巧妙的结构构成形式及丰富多变的外观形态互为补充、相得益彰，美感中显露出一种感性与理性的交融，更是一种机智和趣味的体现。"孔明锁"设计要点是三向度的连接，并且"个体"与"整体"可以自由拆卸与组装。需要注意的是，材料、结构、形态是一个"系统"的概念：材料决定连接的方式，连接的方式决定结构，结构决定最后的形态，而形态是由材料的特性决定的。这几个元素是互为因果，不能用主观上自认为好看的材料"硬套"在某个结构中。所以，设计构思的过程就是在这几个元素里寻找各种组合的可能性。需要说明的是，"孔明锁"课题仅仅是一个引发点，允许学生将其延展，生成相关的概念。

训练课题04：孔明锁

• 孔明锁是中国民间的一种益智玩具，相传是三国时期诸葛孔明根据八卦原理发明的，因而得名。孔明锁的经典原理经常被中外艺术家、建筑师、工业设计师作为研究课题，广泛运用在艺术创作和结构设计上。

• 本课题要求寻找合适的材料，设计一种创新结构——三向度的连接（连接处不得使用胶粘剂）。

• 单体之间必须能自由拆卸，组合成一个结构稳定的整体，要充分研究材料与形态契合的可能性。

• 画出结构尺寸图及展示图片。

• 材料不限。

图1-10　三柱孔明锁

图1-11　九柱孔明锁

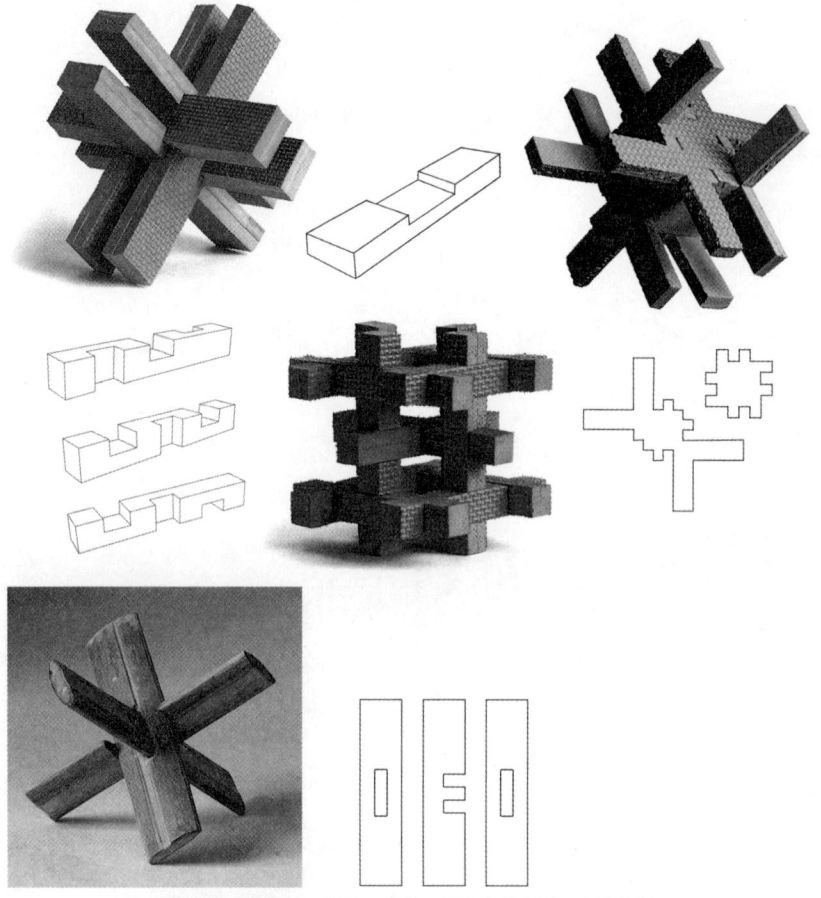

图1-12　孔明锁　设计：金军、陈凡、郑书洋、上官长树

注　释：

①［美］列维·史密斯著，王柯平译《艺术教育：批评的必要性》成都：四川人民出版社，1998：P2.

②Hadamarm Jacquea. The psychology of invention in the mathematical field. New York: Dover Publications. 1945: P142.

③［美］鲁道夫·阿恩海姆著，滕守尧、朱疆源译《艺术与视知觉》北京：中国社会科学出版社，1984：P5.

④［美］鲁道夫·阿恩海姆著，滕守尧译《视觉思维》北京：光明日报出版社，1986：P397.

⑤［美］R·H·麦金著，王玉秋、吴明泰、于静涛译《怎样提高发明创造能力》大连：大连理工大学出版社，1991：P13.

⑥M·C·埃舍尔是荷兰画家，在世界艺术中占有独一无二的位置。数学是他的艺术之魂，在数学的匀称、精确、规则、循序等特性中发现了难以言喻的美。由于埃舍尔所思考的问题以及思考问题的方式，更接近于科学家，所以他的作品首先为科学家所接受，是科学家发现了埃舍尔作品的价值和意义。数学家、物理学家以及心理学家从各自角度解释埃舍尔。杨振宁的《基本粒子发现简史》一书就是以埃舍尔的《骑士》作为封面的。

第2章
视觉思维

　　视觉思维的理论基础源于德国的格式塔心理学派。20世纪初，格式塔学派在知觉心理学，特别是创造性思维的研究中，突破了知觉与思维之间的严格界限，这对传统心理学构成了挑战。那么，"格式塔"是怎样的一种理论？

2.1 格式塔

格式塔心理学基本观点的形成，来源于其创始人麦克斯·韦特海默（M. Wertheimer）关于知觉问题的心理学研究，其中包括"似动现象"（Phi-Phenomenon）的知觉实验。所谓"似动"，即当两条直线按适当间隔时间先后出现时，人们会把它看成是一条正在移动着的线，而不是先后出现的两条静止的线，电影就是这个原理。在韦特海默看来，似动现象是人的视知觉的固有特点。这个发现奠定了格式塔理论的基点，即人在视知觉过程中，总是会自然而然地有一种追求事物的结构整体性或完形性的特点，这个特点被称为"格式塔"。

"格式塔"是德文Gestalt的译音，英文往往译成Form（形式）或Shape（形状），但这两个词都不符合格式塔的确切含义。中文一般把它译作"完形"，就比较接近其原意。因为格式塔心理学在谈到"形"时，特别强调其"完整"性。任何"形"，都是知觉进行了积极组织或建构的结果，而不是客体本身就有的。所以，格式塔心理学又译为"完形心理学"。

格式塔有两个基本要点：其一是整体大于其部件的总和。例如，我们对一只狗的感知，并非仅仅由狗的模样、身上的花纹、大小等感官资讯而来，还包括我们对狗过去的经验和印象，加起来才是我们对一只狗的感知。如图2-1所示图形，虽然是由若干条短线组成，我们仍然认为这是圆形。同理，图2-2是一个突显出圆形和正方形的图形，而不认为是短线条的集合。所以，凡是格式塔，虽然都是由各种要素或成分组成，但绝不等于构成它的所有成分之和。一个格式塔是一个完全独立于这些成分的全新的整体。图2-3是插画家张守义为《非洲民间故事》所作的插图，读者都能识别出画面的意义是一位非洲姑娘在与蛇共舞。然

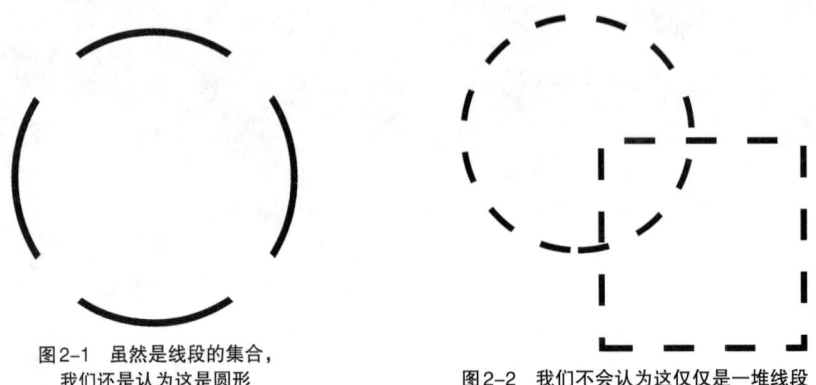

图2-1 虽然是线段的集合，
我们还是认为这是圆形

图2-2 我们不会认为这仅仅是一堆线段

图2-3 《非洲民间故事》
插图 作者：张守义

图2-4 立方体（材料构成） 设计：卞松涛、陈珏、刘金昆、徐麟波

而，仔细看这个画面就会发现，有很多线条彼此间好像都不连贯，单独看这些线条"不像"任何东西，是读者视觉的作用把这些分离的点、线连成了完美的整体，一幅生动而充满活力的画面才跃然纸上。

其二是"变调性"。一个格式塔，即使在它的各构成部分均改变的情况下，格式塔仍然存在。例如，一个立方体，不管将它用线条画出还是用色彩画出，不管是红色还是绿色、变大还是变小、用木材还是其他什么材料构成，它仍然是一个立方体（图2-4）。

韦特海默还进一步解释他的理论：所谓创造性，从根本上说就是认识主体在知觉过程中，将"坏的格式塔"转变成为"好的格式塔"。举例说，当教会了从未学过几何学的孩子求解长方形面积后，再要求他自己去求平行四边形面积的问题。在反复观看图形过程中，他完全有可能"发现"平行四边形的两端看起来存在着"干扰"；进而还有可能"顿悟"到，只要把左端多余的部分转换成右端缺少的部分（图2-5），该图形就会成为一个看上去顺眼的正方形，于是问题便一下子得到解决。

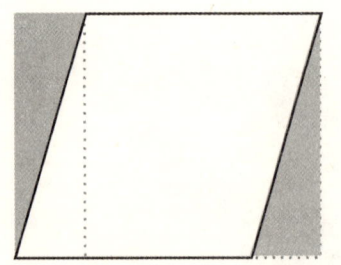

图2-5 "好的格式塔"

由此可见，格式塔所谓的形，乃是经验中的一种组织或结构，与视觉活动密切相关。它既然是一种组织，而且伴随知觉活动而产生，就不能把它理解为一种静态的和不变的，决不能把它看做各个部分机械相加之和。下面三个图形可以看出我们的眼睛在"组织"所看到的东西。图2-6是由8个三角形组成，我们的视觉会按"邻近"原则把它们自觉排成两列；图2-7由25个黑白圆圈组成的正方形，按"相似"原则会辨认出"Z"的字母；图2-8看似随意的组合，按视觉流动的方向，会自觉组合成"S"形。

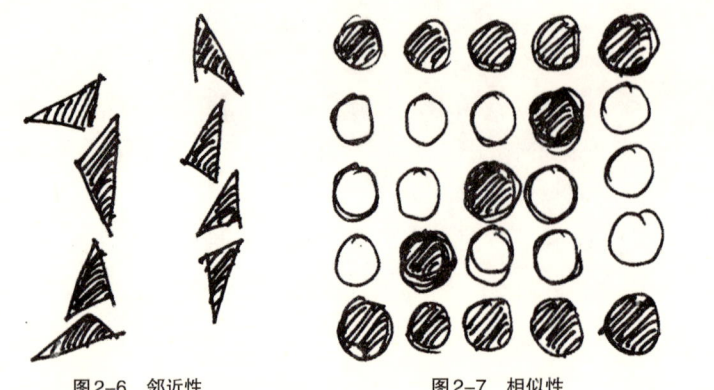

图2-6 邻近性　　　　图2-7 相似性　　　　图2-8 方向性

　　韦特海默进而将"思考"视为一种"过程"和"组织",而不是一种机械化行为。譬如在繁华的都市,不必感知高楼大厦上的每一个窗户,也不必感知林荫大道上方的每一片叶子,视觉系统会"自发"地组织这些复杂对象进入我们的视野(图2-9)。阿恩海姆的视觉思维理论正是基于这些研究成果。

图2-9　画家需要组合各种视觉要素去构绘整体

训练课题05：立方体

· 用一定数量的瓦楞纸,按比例有秩序地排列组合成一个立方体。

· 立方体可以数字、商标、字母、图形为构成元素,采用重复、发射、渐变等手段构成一个稳定、牢固、立面丰富的立方体。

　　材料：包装瓦楞纸、白乳胶等。

　　工具：剪刀、美工刀等。

　　尺寸：200×200×200。

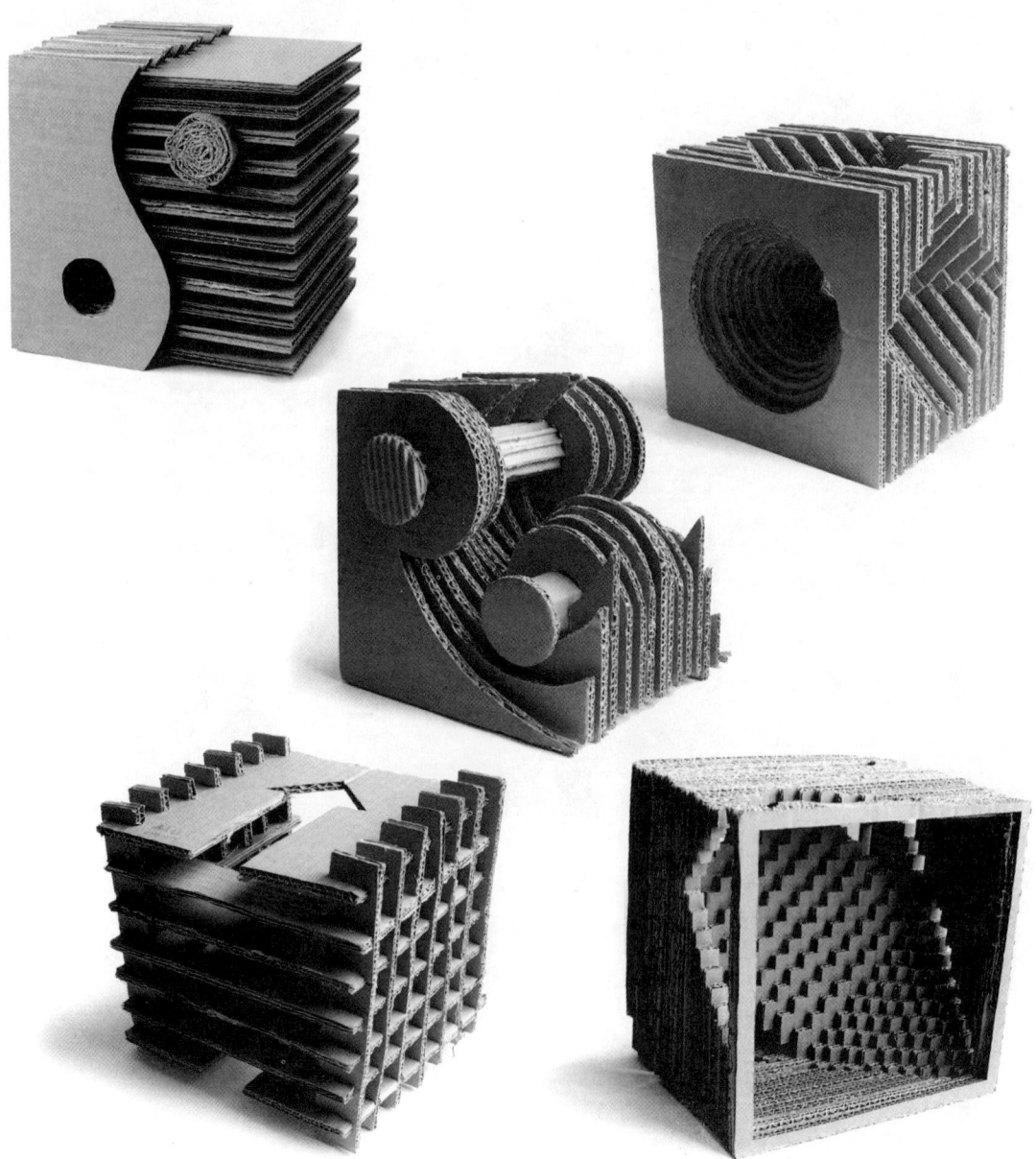

图2-10　立方体　设计：吴立立、李萍、包晨炟、黄兴辉、傅成虓

2.2 模式识别

意识对认识材料的处理方式有：简化、抽象、分析、综合、补足、纠正、比较、问题求解、结合、分离，以及在某种背景和上下文关系之中进行识别等。在处理材料的方式上，"一个人直接观看世界发生的事情，与他坐在那儿闭上眼睛'思考'时发生的事情，并没有本质的区别"。[①]

请看图2-11所示的横眉冷对的警察头像，如果把这幅画倒过来看，就会发现一个不同的模式——表情完全不同的脸型，这个模式提供了两次观看、两次不同模式之间的联系。这就是所谓的"格式塔的转化"，同一个图形（感觉信息）可以产生两个或者更多的含义。图2-12所示是一个二维的六边形，如果换一种视角可以变成三维的立方体。

图2-11 同一个图形会有两个
不同的含义

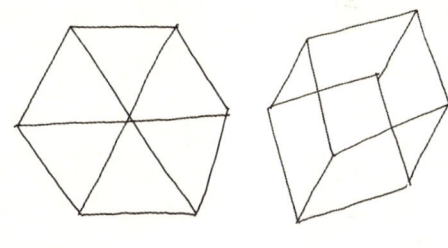

图2-12 一个立方体的两个视角

人们在日常生活中不断积累各种不同的模式，把心理预期和判断建立在这些模式上，并不断地把新的观察和经历融合在这些模式里面。事实上，当观察和经验迫使我们创造另一个模式时，就构成了新的"发现"。科学和艺术中的创造性活动大都源于这种模式的发现，如著名的"高斯问题"。数学家高斯（C.F.Gauss）还是个10龄童时，老师出了一道难题要求学生把数字从1到100加起来。老师刚把题目说完，高斯就报出了答案：5050。在同班同学的怀疑和惊奇声中，高斯道出了整个运算思路：1到100这100个数，把头尾两个数加起来都等于101，这样的数有50对，简单相乘就能得到结果：$101 \times 50 = 5050$。少年高斯还算不上演算高手，却是一个天才的模式识别者。对于数学家来说，发现新的模式是解决难题的关键所在。例如：克里斯蒂安·哥德巴赫（Christian Goldbach）在250年前推测说，每一个偶数都是两个质数之和（如：12=5+7），无人找到过例外，迄今为止还没有人能够证明"不存在"的例外。这就是著名的"哥德巴赫猜想"。问题是这个模式是真实的还是虚构的？如果是真实的，为什么数字会存在这种模式？

训练课题06：需多少瓷砖

• 学校操场上要建一个看台，看台的台阶有九级（图2-13），台阶两端需贴上瓷砖，问一共需要多少块瓷砖？

• 答案是90块。这道题与"高斯问题"相类似，请列出运算思路。

寻找模式的神秘感激励着科学家和艺术家的创造热情，不管世界有多复杂，一定存在着某种模式或者规律需要人类去发现。而在日常生活中我们仅仅需要识别摆在眼前的模式，例如"看病"就是一种模式识别。中医有望、闻、问、切四诊之说，可以对应视觉、嗅觉、听觉、触觉。通过这些感觉系统得到的信息与"疾病模式"进行对照，然后得出诊断结果。如果遇到的与已知模式不能匹配，就需要寻找和发现新模式。另一个例子是世界地图上非洲与南美洲的地形存在某种契合的因素。对这个问题引起浓厚兴趣的是地理学家阿尔弗雷德·韦格纳（Alfred Lothar Wegener），他不但表明非洲和南美洲能合在一起，北美洲、格陵兰岛和欧洲也一样。韦格纳的理论是，原本地球上所有的大陆都是连在一起的"泛古陆"（图2-14）。这个论断成就了哈里·赫斯（Harry Hess）的大陆漂移理论，

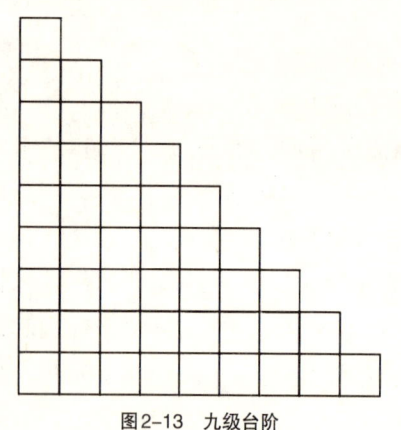

图2-13　九级台阶

图2-14　韦格纳对"泛古陆"的图解

其理论模式让地震、火山爆发和山脉的形成等现象变得清晰可辨：都是大陆板块碰撞、挤压和分离的结果。

模式识别同样给艺术家的创作带来更多灵感。达·芬奇曾介绍过自己的创作秘诀："看一个布满污点的墙壁或者混合在一起的不同种类的石头，如果你必须自己创造一个场景，那么你可能发现不同种类的风景，其中有山脉、河流、岩石、树木、平原、宽广的峡谷；或者，你可能看见战争或者处于运动中的形象，或者奇怪的面孔和服装，还有无数的其他的物体，你可以把它们用完整的形式表达出来。"②达·芬奇就是在这种看似无意义的场景中找出有含义的模式来，而这种"看"和"发现"的过程就是创造的过程。无独有偶，不久前中国美术学院的赵阳教授送我一本新书《微观——赵阳的视觉世界》。他是一位画家，但书上的作品没有一幅是他画的，而是用独特的视角拍的数码照片，他的独特是用近摄的方法记录了自然物（如沙滩、树皮、青苔）和人造物（如旧墙、水管）的某一局部，这本"视觉样本"可以引发观者无限的想象力：飞禽走兽、神奇风暴、战斗场面……无所不有。"只要思索得当，你确能收获奇妙的思想"。其实我们也可以有这样的观察，下面的这个"表情万种"训练就是要唤起我们"发现"的能力。

训练课题07：表情万种

- 对植物、建筑、日用品进行观察，找出具有表情的元素，并用照相机记录下来。
- 不要有先入为主的想法，重在观察——发现。
- 从校园周围的环境中去寻找和发现，不得利用网上资料。
- 制作PPT在全班交流。

前面提到过的荷兰画家埃舍尔就是一位模式识别的艺术大师。他的儿子回忆道："楼下的小盥洗室是用绿色、黄色和棕色不规则形状的涡状形装饰的，父亲会拿一支铅笔，在这里画一条线，那里加一个阴影，然后就会出现一张笑的、悲伤的、奇形怪状的或者严肃的面庞。经过好几个月，墙上满是各种各样的脸。还从看起来是随机的模式，比如云彩和树木的纹理中间寻找动物的形状。"③埃舍尔在他的艺术中把这种模式辨别同组合排列结合起来。当我们看他的动物连续图案时，就会意识到，不论这些形状有多复杂，在它们的下面总是存在一个简单的、对称的模式。埃舍尔的智慧在于能够从规则的重复的多边形里看出鱼、鸟、鳄

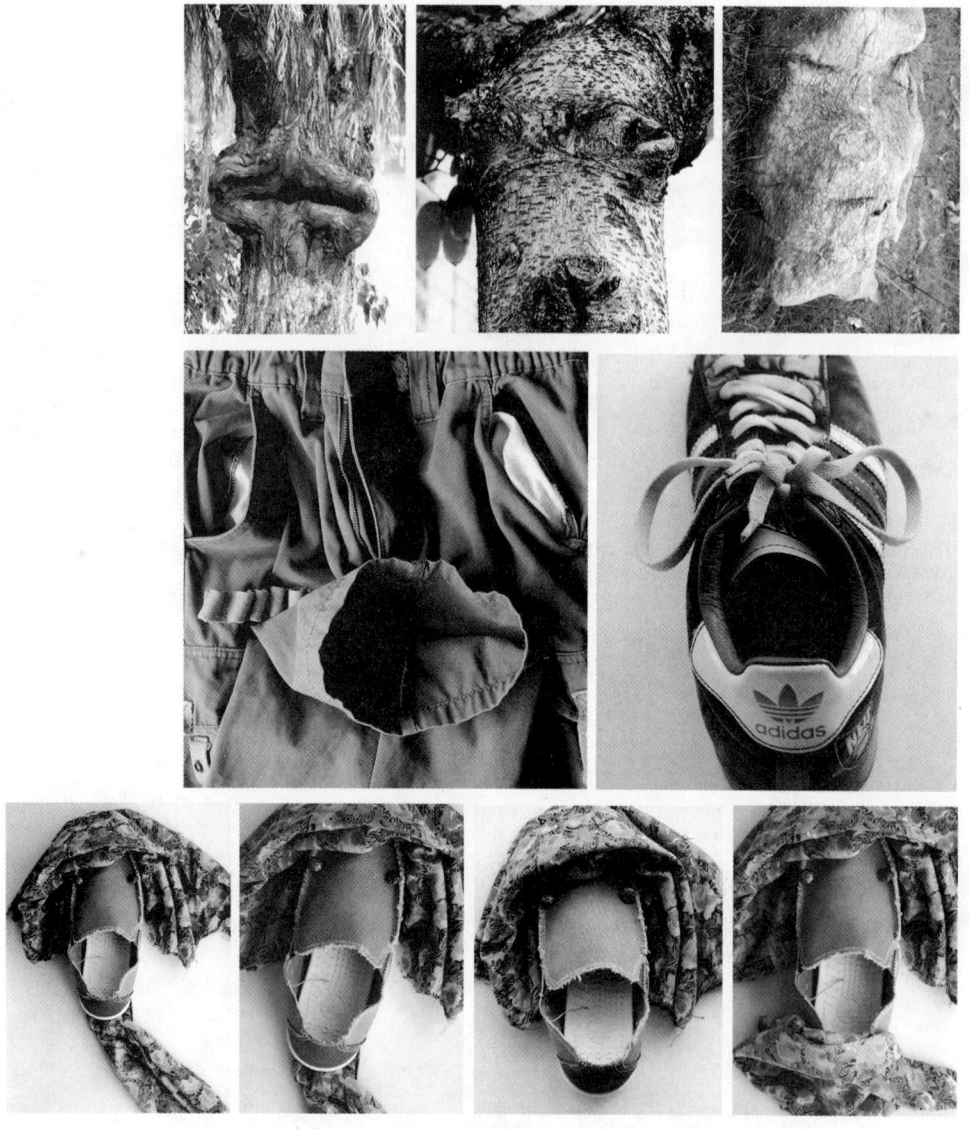

图2-15　表情万种　摄影：杭州电子科技大学机械工程学院学生

鱼、天使、恶魔和其他出人意料的惊奇，并且能够教给我们怎样才能看到这些东西（图2-16、图2-17）。作品《昼与夜》展示了富有哲理的自然模式。左上方的白天渐变为白鸟向右飞，右方的黑夜渐变为黑鸟向左飞，它们在对立的行进中，虚实相生，同时又向下渐变为灰色矩形农田。天与地、昼与夜、鸟与天、鸟与地在互相演化，有分有合，变而通之。虚实、正反、阴阳、有无、前后、高下、顺逆——一切都在流动中相互变化，各自走进自己的对立面。

图2-16 昼与夜 作者：埃舍尔

图2-17 爬行动物 作者：埃舍尔

"实际上，如果我们仔细考察任何科学领域的历史或者研究任何科学争议的历史，那么就会发现，科学家们一直是在试图用尽量多的方法表述自己的见解，而不是被标准的教科书麻痹了思维。亲自制作模式比简单的记忆要有趣得多——拆开一个模式然后组成另外一个，这个过程要求真正理解现象和过程的所有基本元素。并且，它会打开知识的全新世界。"④

训练课题08：模式识别

从下列扇形平面图中找出与卷成立体圆锥体相符图形。

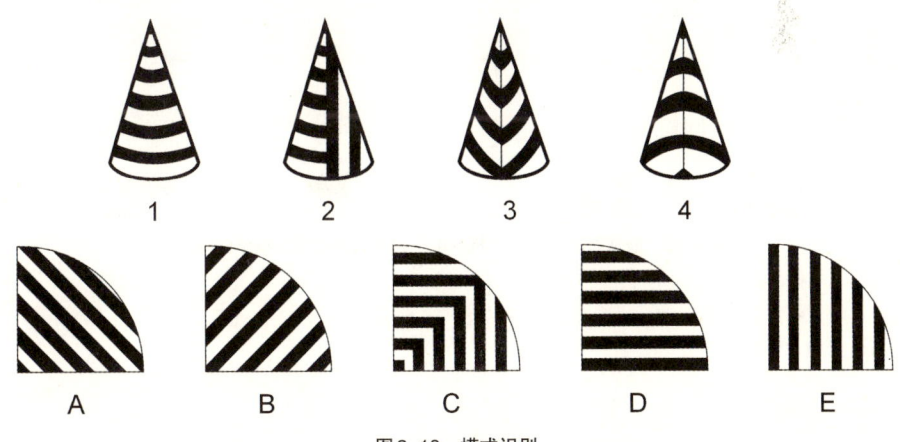

图2-18 模式识别

训练课题 09：整体与局部

从下列的5个图形中选择最佳答案。

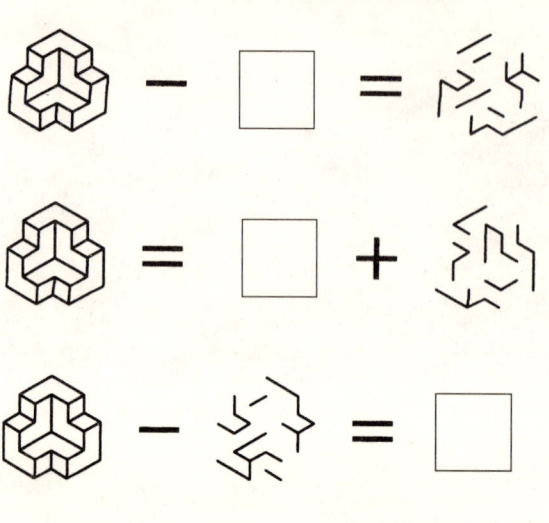

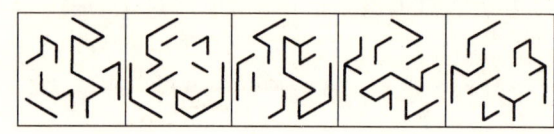

图2-19　整体与局部图形一

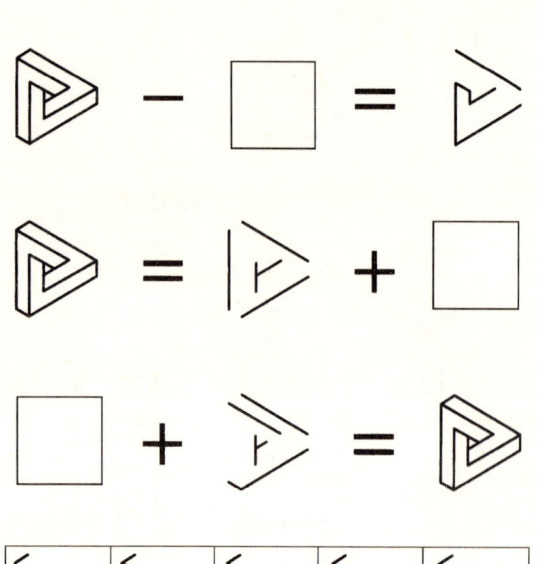

图2-20　整体与局部图形二

2.3 视觉的选择性

观看，不是一个被动的接受过程，而且是积极的模式搜索和选择的过程，并与思维活动密切相关。它不仅对那些能够吸引它的事物进行选择，而且对看到的任何一种事物都可以进行选择，由此产生不同的心理作用。这是视觉思维过程，也是对知觉活动的成品进行再加工的过程。

视觉的这种选择性，仅仅注视刺激物中最为感兴趣的部分，如内容、透视、形变、色彩、线条、影调等的特殊性，而对其余部分往往"视而不见，漠不关心"。比如我们在观看一个画展时，在众多的作品中，也许会在某一幅作品面前驻足不前，流连忘返。究其原因，是因为视觉的选择性注意，并在情感、意境、表现手法等方面引起共鸣和好奇心。亚里士多德曾说过："思维是从疑问和惊讶中开始的。"好奇心和求知欲是培养创新意识、掌握创新方法的推动力。

当然事物并非一成不变，我们所注意的东西是形象，就是主体；不注意的是环境，是前景或背景。从环境中辨认形象进行有选择的处理，这就是视觉思维的选择性。如图2-21、图2-22所示，猛一看和仔细看，会有两种不同的结果。

图2-21 由美国心理学家约瑟芬·简斯特罗于1888年创作。看到了什么？

图2-22 看到了老太太的侧面像，还是少女的侧面像？

视觉思维是在主体与客体的交流中进行的，这本身就具有探索性，同时具有运用视觉意象操作而利于发挥想象作用的灵活性，这种操作是通过直接的物体或符号来完成的，具有产生诱导直觉的可能性。例如图底关系，能将物体从它的背景中区分出来，这是一个非常灵活的知觉过程。为此，视觉系统产生了各种机制来区分图形和背景。在大多数的情况下，区分非常容易。但是在自然或者人为伪装时，就变得困难了。如图2-23所示，白色部分显示脸型，黑色部分像一个器皿。知觉总是在这两种形象中交替变化，时而是脸，时而是器皿，说明我们识别图像总是整体性的。知觉不仅被动地接受个别的感觉信号，而且还包含脑对所受刺激的含义的主动解释。这就证明了在视觉中，对象和背景可以互相转换，可以感知为白色背景上的黑色器皿，也可感知为黑色背景上的两个侧面脸型。这种观察对象和观察背景的互相转换，表明了知觉所具有的选择性。因此，我们在观察事物时，应该按照知觉的选择性，尽可能地不断变换视点，列举尽可能多的解释，力求避免那种仅凭第一感觉的单一解释。

基于这种视觉选择性所产生的灵活多样性，图形设计师创作了大量的创意图形，丰富了我们的视野。这些创意原则有助于直观理解视觉的选择性。

图底原则——指视觉模式中所呈现的"图形"和"背景"之间的关系。图底关系是一种组织关系，在不同的组织因素中，图形就能够从背景中显现出来。通常能引起注意的视觉元素会被看做一个画面中的"图形"，而其余部分则被看做"背景"。如图2-24、图2-25两幅图所示是互为"图—底"，这是视觉选择的结果。

 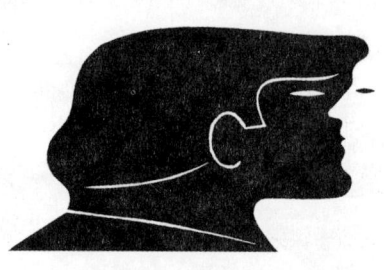 

图2-23 是器皿，还是脸型？　　图2-24 是一个人，还是两个人？　　图2-25 是女性头像，还是一个吹萨克斯管的小伙？

邻近和连续原则——位置临近的元素容易被看成一个整体形式。在画面中主体元素应尽量远离与主题无关的明显的视觉元素；几个本不相干，但都与主题有关的元素，可以通过距离相近而成为一个整体结构。图2-26所示是埃舍尔的作品，画面上的人、兽、鱼、鸟本来毫无关系，画家巧妙地通过"契合"手段组合成一个整体。

相似原则——视觉刺激物的形状、大小、颜色、强度、方向等属性比较相似时，这些刺激物就容易被组织起来感知为一个整体。如图2-27所示，商标图形由一种元素（正方形）组成，由于中间若干个正方形呈一定角度排列，正是这种方向上的变化在视觉上产生了一定动感，同时与周围的环境形成动静对比，凸显出"T"字形。这是视觉的作用把这些动感的正方形组合成一个字母的。

图2-26　马赛克Ⅱ　作者：埃舍尔

图2-27　商标图形

完整和封闭原则——一个封闭的图形容易被看做一个整体。当遇到一个没有闭合的或残缺的图形时，视觉系统有一种使其闭合的倾向，即能自行填补缺口而把其知觉为一个完整模式。如图2-28所示的图形是日本著名设计师福田繁雄的作品。猛一看是几个狗的图形排列，仔细看这些狗的头尾是不完整的。造成这种"被完整"的原因是视觉系统"自觉闭合"倾向在起作用。

好图倾向原则——观者在感知图形元素时，会尽可能把一个图形看做是一个"好图形"，好图形的标准是匀称、简单和稳定。视觉系统的接近性、相似性和完整性等原则都与好图形倾向有关系（图2-29）。

图2-28　福田繁雄作品（一）

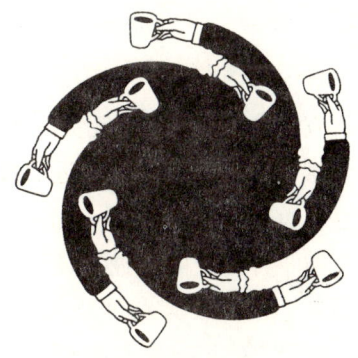

图2-29　福田繁雄作品（二）

2.4　看的局限

俗话说"眼见为实"，果真如此吗？图2-30中的正方形和圆形怎么看都是变了形的；用直尺一量就明白，图2-31中所有线条原来都是直线。虽然是眼睛"看"到的，却不是真实的。是眼睛在欺骗，还是主观故意？

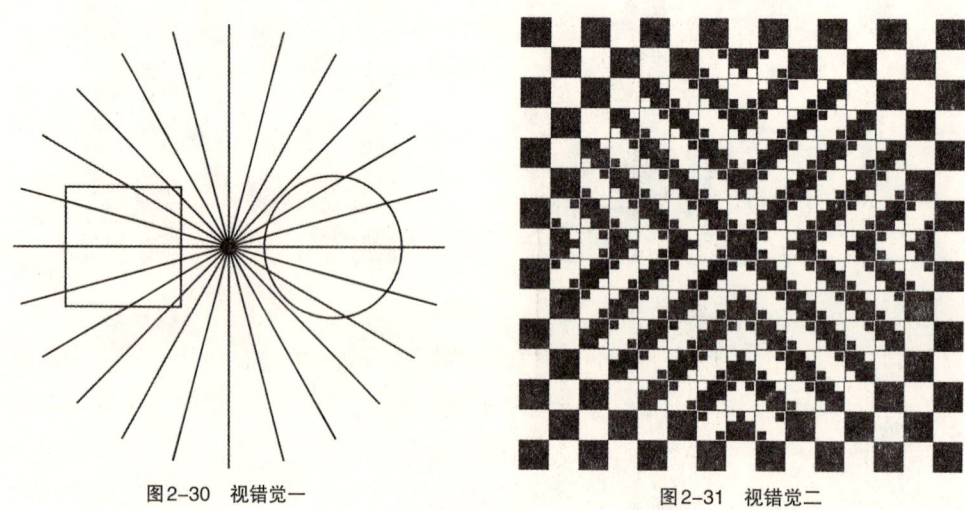

图2-30　视错觉一　　　　　　　　　　　图2-31　视错觉二

这是由于"看"的局限产生了错觉。产生错觉的原因是在看的过程中，人的第一感觉往往先入为主，注意力就只集中在某一方面的对比上，没有同时注意其他方面的比较。所以视错觉就是由于"看"而造成的偏差，下面是典型的视错图形：

a. 同样长度的垂直线和水平线，垂直线看上去要长些（图2-32）。

b. 受放射线影响，平行直线看上去不平行（图2-33）。

c. 受周围环境影响，两组中心同样大小的圆形看上去大小有差别（图2-34）。

d. 两条等长的横线，看上去上面的显得短些（图2-35）。

e. 受圆弧线影响，正方形看起来是向内陷的（图2-36）。

心理学对"错觉"的定义是：认知过程中在一定条件下所发生的感官对客观现象的一种错误的感觉。错觉表示着一定条件下感官抽象反映客观现象的一种心理状态。只要某种客观条件存在，错觉就必然产生。除了"杯弓蛇影"、"草木皆兵"等主观因素外，人的生理因素是造成错觉的重要原因。譬如电影就是利用了人的"错觉"而产生的伟大发明。众所周知电影胶片是由千万帧

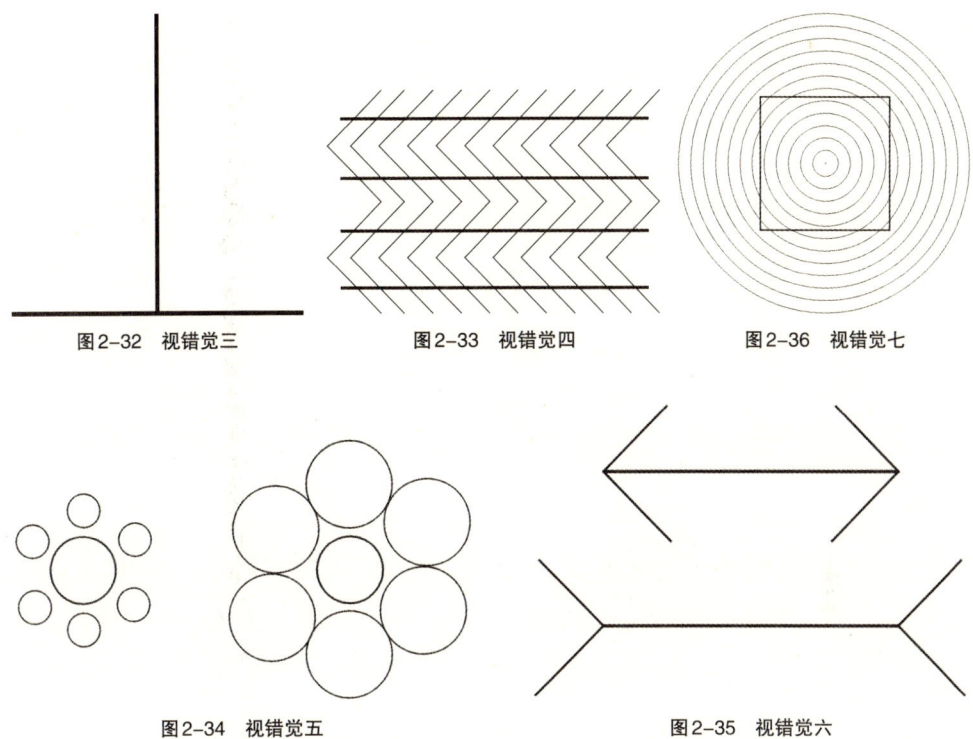

图2-32 视错觉三　　　图2-33 视错觉四　　　图2-36 视错觉七

图2-34 视错觉五　　　　　　图2-35 视错觉六

"静止"图像组成的，通过电影放映机的放映，观众看到的是连续的画面，而没有丝毫的跳动感。这是利用了人的生理"错觉"——视觉存留。电影画面以每秒24帧的速度放映，"跳动"的画面被人的视觉"合成"为连续的动作。这是因为眼睛能在一定时间内保持住作用于它的光效应，看到的不是跳动的单个图像，而是稳定的画面。

《看不见的大猩猩》一书中有个心理实验：实验人员制作了一个短片，短片中有两队分别穿黑白两色服装的运动员在打篮球。然后请哈佛大学的志愿者观看影片，要求被试人员计算白色球队传球的次数，并可以完全忽视黑色球队的传球数。看完不到一分钟的影片，实验人员立即向被试人员询问其答案，得到34、35次等不同的回答。其实传球数的答案本身并不重要，记传球数是为了把被试的注意力集中到屏幕上。实验的关键点是影片中穿插了一段9秒钟的情节：一个穿着猩猩服装的人走进屏幕，并对着镜头敲打自己的胸膛。当实验人员问被试者是否看到大猩猩时，居然有一半人说"没看到"。更有意思的是，重复实验居然有人坚决不承认有大猩猩出现，甚至认为前后两次观看的影片不是同一版本。这是一个名噪一时的心理实验，被试人员来自不同的国家和不同的人群，但实验结果基本一致——半数人没有发现人群中的大猩猩。

这到底是什么原因？为什么会"视而不见"？

"这个问题确实很复杂，涉及人类大脑的认知过程，至少包括注意与知觉两个方面。通常来说，人们都会认为，应该可以看见在自己面前的一切，但事实是，大脑只能处理来自视觉世界的一小部分信息。'视而不见'是符合大脑工作机制的，'视而不见'时提到的'看到'，实际上是目光停留在某个物体的'看到'，这就是一种感觉过程。但是我们更想说明的是，事物映入眼帘并不能保证就能'看见'它们，或者说，知觉过程并没有对其中的一部分信息进行有效的加工与整合。"⑤

"看不见的大猩猩"现象在心理学上称之为"无意视盲"，而"视盲"是由于视觉系统存在物理性损伤造成的。许多人没有看见大猩猩并不是因为眼睛或者大脑出现了损伤，而是当全部的视觉注意力集中到某个区域或物体时，人们会忽视那些"不需要"看到的东西。由此可以引出看的局限又一种现象："看到"不等于"看见"。

看是一个主动构建的过程，大脑会根据先前的经验和眼睛提供的有限而又模糊的信息作出判断和解释。心理学家之所以热衷于研究各种视错觉，就是因为视觉系统的部分功能缺陷恰恰能为揭示该系统的组织方式提供某些有用的线索。虽然错觉很难通过感官对其消除，但通过观察分析仍然可以尽可能地减少错觉对思维认知的影响。下一章将对此作进一步讨论。

注　释：

①［美］鲁道夫·阿恩海姆著，滕守尧译.《视觉思维》.北京：光明日报出版社，1986：P56.

②［美］罗伯特·鲁特·伯恩斯坦、米切尔·鲁特·伯恩斯坦著，李国庆译.《天才的13个思维工具》.海口：海南出版社，2001：P118.

③资料来源：《天才的13个思维工具》海南出版社，2001：P115.

④［美］罗伯特·鲁特·伯恩斯坦、米切尔·鲁特·伯恩斯坦著，李国庆译.《天才的13个思维工具》.海口：海南出版社，2001：P164.

⑤［美］克里斯托弗·查布利斯、丹尼尔·西蒙斯著，段然译.《看不见的大猩猩》.北京：中国人民大学出版社，2011：P19.

第3章
视觉观察

现代心理学理论认为视觉观察是积极的过程，这个过程与思维活动密切相关，其中的感觉灵活性和创造性有着直接的关系。

3.1 何谓观察

就像"看"不等于"看见"，可以"视而不见"。看仅仅是观察的一个"动作"，观察也不等同于看见。平时我们的眼睛会看见大量的事物，但是，由于不具有目的性，只是随意的看，所以不能算作是观察。就像走在车来人往的大街上，虽然看到许多东西，如果没有主观上的故意是很难对其中某辆车、某个人有观察结果的，因为那只是无目的性的"看"而已。

什么是观察？观察是人们通过眼睛、耳朵、鼻子、舌头、手等感觉器官或者工具，对外界事物进行有目的、有计划的感知和描述。所以说，观察是一种具有计划性、目的性和持久性的认识活动。科学研究、商品制造、艺术、教育等都需要对所面临的对象进行系统、周密、精确、审慎的观察，才能探寻出事物发展变化的规律。

达尔文从小热衷于观察动植物，坚持20年记观察日记，终于写出《物种起源》。达尔文曾对自己的工作作过这样的评价："我没有突出的理解力，也没有过人的机智。只是在观察那些稍纵即逝的事物并对其进行精细观察的能力上，我可能在众人之上。"俄国生理学家巴甫洛夫告诫他的学生："不管鸟翼是多么完美，但如果不借助空气，它是永远不会翱翔于天空的。事实就是科学家的空气，你们如果不凭事实，就永远不能飞腾起来。"[①]他甚至在实验室建筑物上刻着："观察、观察、再观察"。

如何提高观察能力？爱因斯坦的故事可以给我们带来启发。青年爱因斯坦在中学时算不上是优等生，他曾经申请过苏黎世大学，被拒绝后去了瑞士北部的佩斯特拉奇学院。建于1770年的佩斯特拉奇学院在教学过程中强调"感觉"为先的教育原则，其中的重要内容就是要学生首先学会观察。当然观察不仅是看，而是从各种角度了解事物的各个方面，采用抚摸、闻味道、品尝、聆听和看，也就是调动全部感觉去感受。佩斯特拉奇学院主张"观察是通过感觉器官感受的，这才是所有知识的绝对基础"。这种教学方法也常常遭到人们的误解，不教学生读和写还能算是教学吗？事实上爱因斯坦确实在那里学会了观察的方法。

从这些故事中可以总结出这样的道理：所谓观察就是收集感觉信息的过程，这个过程也是判断、思考的过程。斯坦福大学的麦金教授（R. H. McKim）提出了"外化的思维"概念，即利用"一些易于改组的材料。比如雕塑家用空心泡沫，化学家用的以纽扣堆成的元素，设计师用的苯乙烯泡沫和卷尺等等，都具有易于巧妙加以利用的功效"。并要求"尽可能地把感知、思考和行动联系起来，将它们有机地组织在一起。切割、折叠、触摸、实验、改变摆放方式。正如这个过程被描述为'观察——思考——行动'三位一体一样，使我们的思维外在化"。[②]

如何提高学生的观察思考水平，麦金为此总结了五点优势："首先，直接地感觉材料可以为思考提供富有营养的食粮。其次，利用实物结构进行思考，使人能够得到突然而至的快乐感和出乎意料的新发现。第三，思考所看到的、接触到的和感觉到的直接内容，能造成更直截了当和实际的感想。第四，外化的思维结构，提供了一个可供评价、可见和可作为视觉思维的每个成员共享的实物。最后，外化思维的紧张感，开动了人脑的右半球，当思考受阻于一个词汇或一个符号的时候，它是不可思议的解毒药。"[③]

图3-1　从眼睛到手——外化的思维过程　　　图3-2　外化的思维成果

 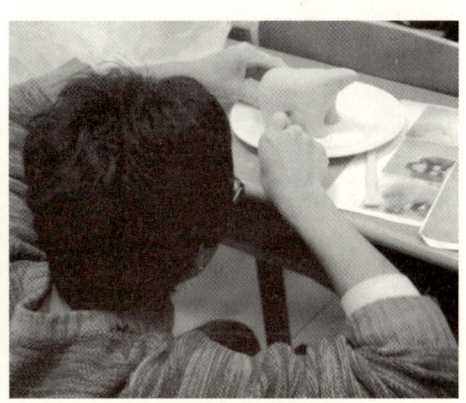

图3-3　观察——塑造一　　　图3-4　观察——塑造二

训练课题10：观察——塑造

- 选择一种动物作为观察对象，并收集相关形象资料。
- 画出草图，经抽象概括，用白瓷泥塑造形体。
- 材料：白瓷泥1公斤、9寸白瓷盘1个。
- 工具：泥塑工具。

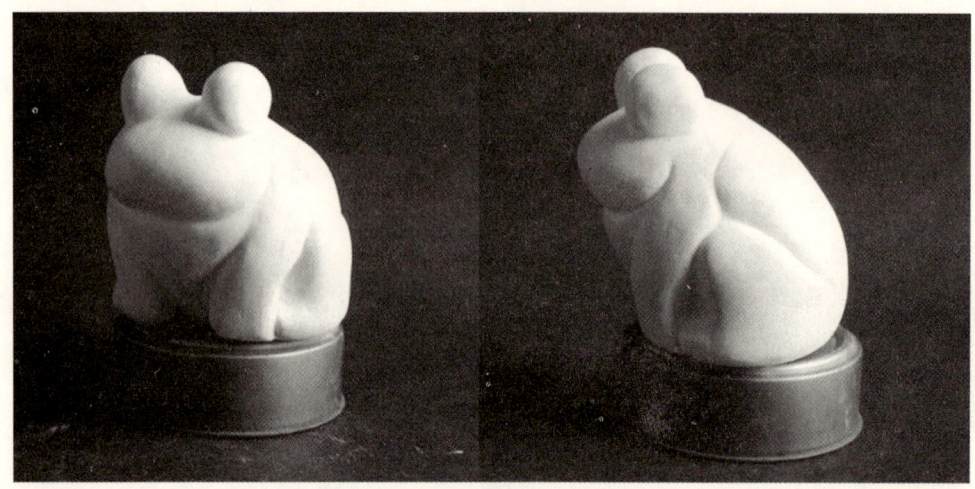

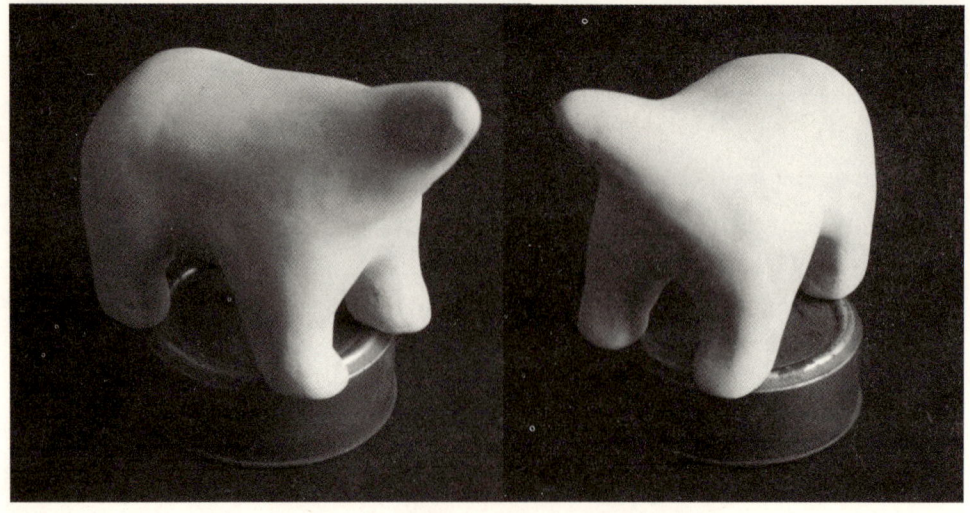

图3-5 观察塑造作业 设计：王祥、斯潇枫

3.2 观察能力

"心明眼亮"是指观察力强的人。"眼亮"并不是说一个人的视力多么好，而是说他观察细致准确、思维判断敏捷。从这个角度上来看，观察力是一种感觉与思维高度协调的能力，是思维的起点，是聪明大脑的"眼睛"。所以说：思维是核心，观察是入门。真正有效的观察过程既包含感知的因素，也包含思维的成分，如果在观察过程中不注意锻炼思维能力，那么观察也只是笼统、模糊和杂乱的，既不可能抓住事物的主要特征，更不可能作出科学的判断。如何提高观察力体现在下面几个方面：

a. 用心观察。中国古代哲人非常强调"体悟"，要想对事物有全面的了解，除眼睛外，还需耳、鼻、舌、身等感觉器官，全身心地体验更为重要。用心观察，就是把思维介入观察过程中。只有把看到的、想到的融合在一起，才能获得心灵上的感悟。例如对蜜蜂进行观察，必须注意到蜜蜂那神奇的触角和善于舞蹈的多只足，由此，引发出观察蚂蚁、蜗牛、蜘蛛、蜻蜓等动物的兴趣。在观察这些昆虫家族的秘密时，自会发现这些昆虫有的有触角，有的触角短而小，有的没有触角，有的昆虫有翅膀，有的有甲壳（如瓢虫），有的没有甲壳。通过用心观察，更进一步深入研究的积极性自然就会产生。

b. 采用"手动挡"。汽车有"手动挡"和"自动挡"之分，人的思维习惯也存在这种差别。在日常生活中，人们习惯于把没见过的新事物看成是旧事物的延续。由于新事物的不确定性和模糊性，容易把它代入到过去的经验中，而采用概念化的判断。久而久之就会被概念和经验所困，导致思维僵化，遇到任何事依靠想当然，这就是所谓"自动挡"思维习惯的典型状态。导致这种状态的原因之一是对已经习惯的事物很难给予足够的关注，而当各种事物持续重复时人们会顺其自然地进入"自动挡"状态。再加上从小到大一直被规则、法规的灌输和习惯、惰性的养成等原因固化了这种状态。"自动挡"状态的直接后果是失去了一双能够观察思考的眼睛。与此不同的是，"手动挡"状态保持开放的心态，不受困于习惯的思维枷锁，对新事物保持新鲜感，能够从多种角度进行细微的观察，并接受其观察结果，及时调整自己的判断。"如果说自动模式是无意识下的反应，那么手动模式是有意识的积极响应。手动模式下接受新事物时它不会是一个概念，而是一个新事物。不代入任何概念、不带有任何偏见，不拘泥于任何习惯的开放式的接受。"④我们现在的"结果导向性"教育体系也是导致自动思维模式形成的原因：只注重胜败的结果，不注重过程。不注重过程中的失败，对于自己和他人的行动反应迟钝，不重视眼前的事物，就算机会摆在眼前也无法把握。

c. 观察别人看不到的。观察力不够准确的人，常常是只见树木、不见森林。相反，观察力较高的人，既能把握事物的整体，又能敏锐地观察到事物的细节，甚至是别人看不到的地方。有一种观察方法叫做"边缘视觉"，具体做法是先保持固定的目光聚焦，凝视正前方；同时又用眼观望四周，但不是以头的扭动或转向而带动目光去看，而是用眼睛的余光。其原理是在人的视敏度很高的中央视觉区外缘，有一块尚未被充分利用的视觉区域，就叫做边缘视觉。而人的视网膜上，只有一小部分处于敏感的中央区，其余则都在边缘视觉地带。这种边缘视觉能使观察者对自己感兴趣的事物特别敏感，而且也善于捕捉他人易忽视的细节或事物的某些特征。比如，从杂乱无章的复杂环境中选认出自己所找的事物，靠的就是边缘视觉。

d. 不要只看想看的。看了但没看见，只看想看到的，被其他迷惑而看错的，这些都是阻碍观察的心理盲点。我们的思维方式过于传统、过于投入，因而承受压力，容易忽视熟悉的事物，这些习惯都是产生心理盲点的原因，所以想观察到位就应该尽量避开这些心理盲点。

e. 持续观察。即在不同时间、不同条件下对同一事物进行间断的、反复的追踪观察，以了解事物的发展变化过程，掌握规律，而对类似情况作出准确分析和判断。比如，用一个月的时间观察月亮阴晴圆缺的情况。持续观察要靠注意力的长期稳定来实现，而注意力所指向的并不仅仅是观察活动这一事件本身，而更多的是所观察对象变化发展的规律。因此，有价值的观察活动，不是囫囵吞枣，而是运用大脑，经过筛选、比较、分析，从而得出符合规律的客观认识。

训练课题11：九宫图

• "九宫图"是训练观察能力的一种方法。在寻找规律的过程中，解决复杂多变的问题。

• 一个九宫图中，有8个方格内各有一幅图形，这8个图形呈现一定的规律，需要从4个备选答案中。

• 选出一个能符合这种规律的图形填入九宫图的问号处（答案见本章注释⑤）。

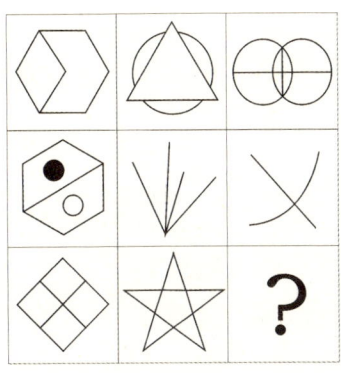

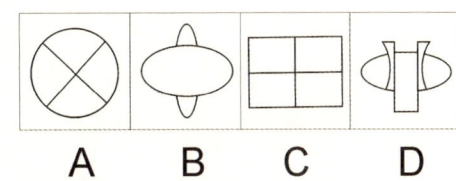

图3-6　九宫图一

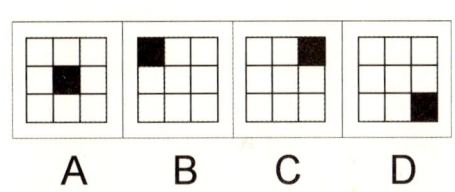

图3-7　九宫图二

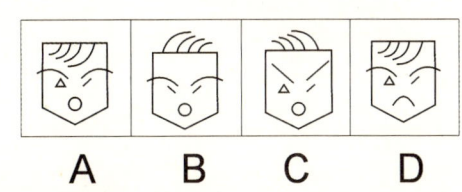

图3-8　九宫图三

3.3　以想象的眼睛观察

图3-9　看上去偶然的图形却可给人以丰富的想象

训练课题12：看上去像什么?

观看"墨迹图"一分钟，然后对所看到的作出文字描述。

墨迹图一的文字描述：生气发怒的金枪鱼、一个得志的小人在偷笑、融化的冰块、觅食的狐狸、膨胀的河豚、灯笼鱼、受惊的刺猬、凶猛的鲨鱼、千与千寻中的河神。

墨迹图二的文字描述：鳄鱼在捕食、蝎子、热舞的少女、坐在扫把上飞舞的巫师、夸父逐日、海绵宝宝里的蟹老板、跨栏运动员、拿着麦克风唱歌的舞者、张飞骑马挥刀杀敌。

图3-10　墨迹图一　　　　　　　　　图3-11　墨迹图二

墨迹图三的文字描述：一个迷茫的人在仰望天空、老人骑驴、呕吐的人、贵宾犬与手套、拿着洗衣盆的少妇、海豚戏球、悬崖上的小屋、张果老骑驴飞上天、跨越游戏中的两个小孩。

墨迹图四的文字描述：武松打虎、群山在湖泊中的倒影、车祸、被乱箭射死的人、两架战机在空中战斗、被箭射中的悲壮勇士、漏气的水球、被箭射倒的战马。

图3-12 墨迹图三

图3-13 墨迹图四

这个练习说明，同样一个图形，不同的人看到的东西是各不相同的，甚至同一个人在不同时间看到的东西也会改变。这是为什么？因为，虽然面对同一个对象物，除了目的性、个性差异、经验和人生经历外，与个人的思维习惯、角度有直接关系。所以，观察并非只是眼睛的功能，人的思维同时在进行运转，任何观察都是与思维相伴的。眼睛的观察通过神经系统传递到大脑，经过大脑的加工，才形成我们的感悟。所以，同一个观察材料经过不同的大脑加工，必然得出不同的结果。

《西游记》中的二郎神之所以能识破孙悟空的七十二变，是因为在他的额头上长着一只能洞察一切的"第三只眼"。对我们来说，这第三只眼其实就是"想象的眼睛"。用眼睛观察到的现象往往一闪而过，如果缺乏想象，面对稍纵即逝的现象我们只能束手无策。事实上，在观察事物过程中就是借助想象才能获得意想不到的效果，激发我们的创造天性。

试着以想象的眼睛来观看荷兰画家埃舍尔的画，如图3-14《凹与凸》所示，画面中的三座小房子彼此相邻坐落，每座下面有一个交叉拱形的房顶。视觉上可以作个选择：一座左边房子的外观，右边房子的内部和中间房子内外两面。在整个画面中，展示了几个相似的转换，我们从中可以观察到有几个人，其中有两个男孩正在吹奏乐器，左边一个正在中间房子的屋顶上通过窗子朝下望，假使他从窗子爬出来就可以站在屋顶上，假使他从前面跳下，可能会落到数层的底部、房前的深色楼板上。然而右方的乐手注视着那个与弯曲在他头顶上方的房顶相同的交叉拱形，假如他想从窗子爬出去，则没有什么可供降落之地，前面是无底深渊。另一幅画《不期而遇》（图3-15），从画面上方的灰色背景上逐渐产生一个由人物的黑色与白色形象组成的形象，而且这两个形象你中有我，我中有你，相生而又逐渐相离。由于画面空间上的巧妙安排，产生于同一平面上的两队形象在前方相遇，一个白色的乐观主义者和一个黑色的悲观主义者不期而遇，还彼此握手。这两幅画完全凌驾于时空之上，是画家借助想象的作品。画家在这里提供了一个让观者想象的平台，观者完全可以驾驭各自的想象之舟徜徉在非现实时空中。如果离开了想象，观者可能会觉得不知所云。

所以说观察不是单方面被"看"行为，头脑中的视觉系统是沿着高效率的反馈来运转，并且把以前的知识及当前的感知整合到快速产生的形象中去，在观察事物时，会记得"应该"如何来看。一幅画、一尊雕塑之所以吸引眼球的原因在于迫使大脑进行创造，观察事物的行为需要发展"是什么"及"可能是什么"的创造意识。看的行为不是被动过程，信息不仅是从外部世界"流入"视网膜到视觉神经，而是利用认知和记忆对看见的事物在进行复查和传播。这就是阿恩海姆强调艺术具有创造性和认知性的原因：观看—画图—制作模型不是被动的行为。

当我们在教室里制图或者设计的时候，我们是在思考和创造。

图3-14 凹与凸 作者：埃舍尔

图3-15 不期而遇 作者：埃舍尔

训练课题13：观察—想象

• 通过观看昆虫图像资料，唤起对昆虫世界的兴趣。

• 选择一种或一类昆虫作为观察对象，并用图解方式收集相关资料。

• 用恰当的材料制作一个动物抽象模型。

• 模型材料、尺寸不限。

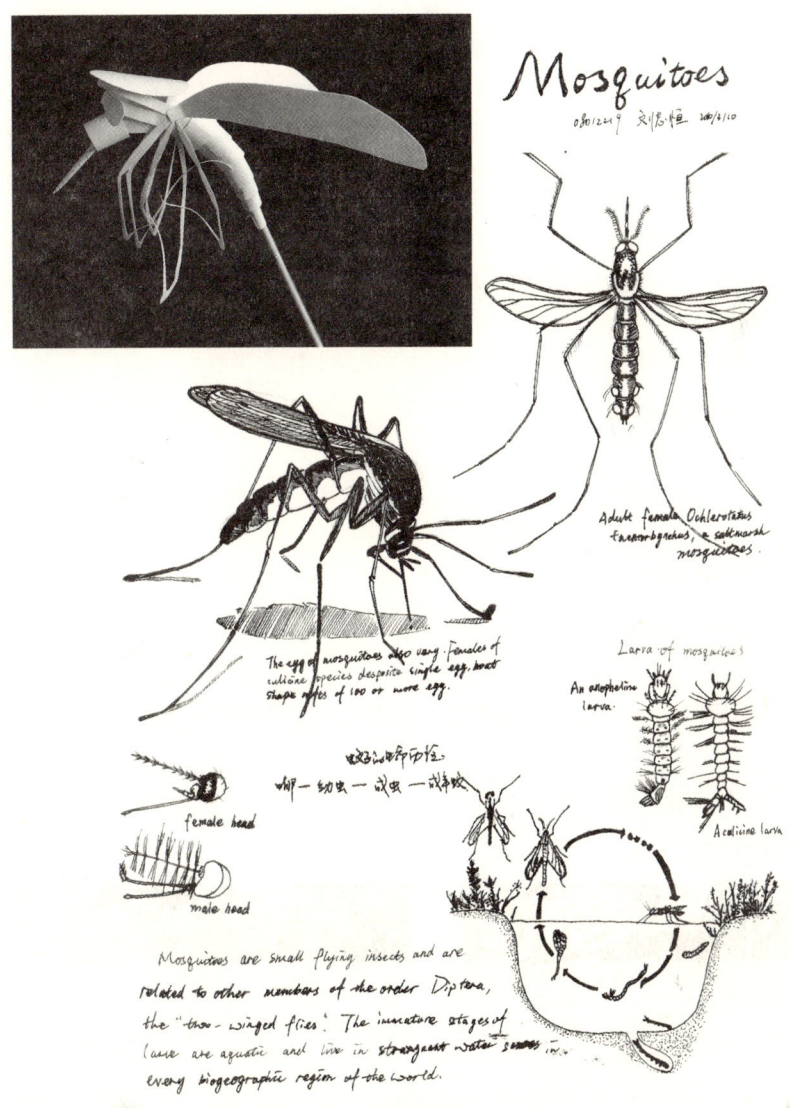

图3-16 观察想象 设计：刘志恒

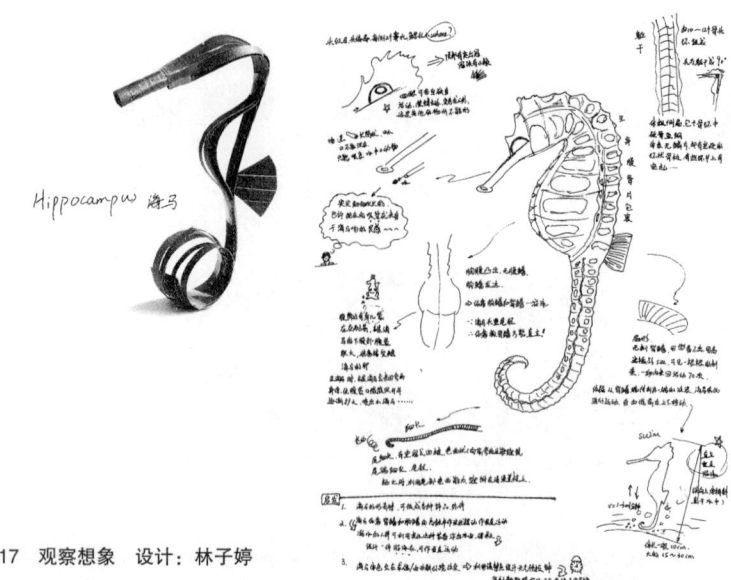

图3-17 观察想象 设计：林子婷

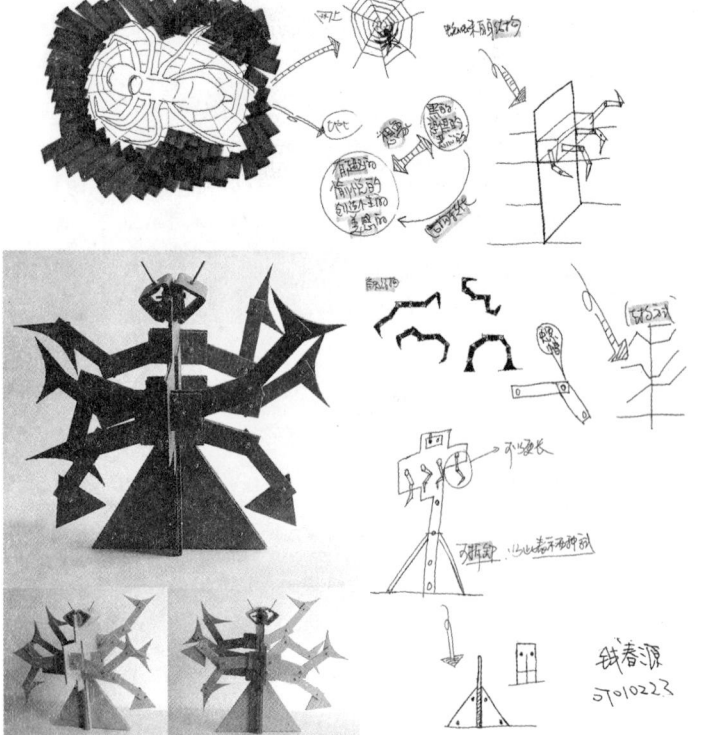

图3-18 观察想象 设
计：钱春源

3.4 全新观察

"由于各种感觉都包含一定程度的想象，因此，我们总会凭着一定的想象去观察事物。然而，我们却不能总是创造性地去观察事物，关键在于想象的根深蒂固性。那些能随时灵活使用它们想象来使观点全新化的人，能够创造性地观察事物。相比之下，那些不能灵活地用想象去进行观察的人，只能经历真实事物的一个侧面。"⑥麦金的这段话说明了创新的第一步是创造性的观察，而观察来源于想象，往往受到观察者的知识背景、文化习俗等因素的影响。例如，面对一面鲜红的旗帜，不同的人会有不同的想象：喜庆、革命、火爆、战争、崇高、血腥、暴力、缺乏理性等。除观念上的差异，全新观察意味着重新认识事物，而不是仅仅保留对事物的一般印象。有个做法，就是把熟悉的事物有意识地看作陌生，这说起来容易，做起来有点难，其中的关键是"悬置常识"。不是从常人的眼光去观察，新的角度就会产生新的认识。当然，"悬置常识"、"重新认识"在现实生活中是个冒险行为，存在一定的风险。名为"秀色可餐"课程训练就是唤起对生活中所能接触到的物品的全新观察和全新认识，例如肥皂不仅可以洗衣服，它还是一种非常具有视觉美感的材料；纸张也不仅用于写字画画，它还是一种可塑性非常强的造型材料。

训练课题14：秀色可餐

这是一个"陌生化"的训练课题，通过对材料的置换，将熟悉的事物陌生化，重新认识事物的概念，使司空见惯的材料呈现出别样的感觉。

• 先在互联网、图书馆里查阅有关菜谱资料，并认真阅读研究。

• 选择生活中常见的、廉价的、不易腐烂变质的、易加工的非食品类材料将菜谱中的材料进行置换。

• 通过置换练习，对日常生活中"司空见惯"的材料重新认识，达到视觉的"新鲜感"。

• 材料：9寸白瓷盘1个、白乳胶等。

• 工具：剪刀、美工刀、镊子等。

我们每个人最初来到这个世界上都有一个好奇的、开放的、富有冒险精神的时期，随着年龄的长大就慢慢进入一个"实用"的世界。对此，我们必须去适应它，一切行为和目标都朝着文化所提供的目标作出自己的选择，麦金称之为"文化卵袋"。在这样的卵袋中生活，我们会贮存越来越多的概念，并运用

图3-19 菜名：麻婆豆腐　材料：肥皂、红蜡烛　设计：林子婷（上左）
　　　　菜名：香辣土豆丝　材料：肥皂、红蜡烛　设计：方芳（上右）
　　　　菜名：蝙蝠莲藕　材料：海绵、红纸、树叶　设计：陈韵（中左）
　　　　菜名：日本刺身　材料：蜡烛、彩色纸、树叶　设计：杨飞（中右）
　　　　菜名：腊味合蒸　材料：树枝、洗衣肥皂、电线　设计：吴立立（下左）
　　　　菜名：剁椒鱼头　材料：塑料瓶、吸管、纸片、丝带　设计：章徐涛（下右）

这些概念与人们交往，久而久之，我们的视知觉就会产生一种懒惰和简单化的
倾向。甚至为了避免感觉的混乱，我们的眼睛只集中于所需要的或者需要躲避
的东西上，而对周围发生的事视而不见，这个过程完全是功利性的。所以，视

觉上的懒惰和简单化影响了我们对新事物的敏感度。就如"秀色可餐"的作业，如果把"肥皂"概念定位于洗衣服、洗手，那么肥皂就很难在其他地方有所作为。当然，世界上的许多事情并不都是新事物，但以一种新的方式去看待它，也是一种创新行为。

所以，在基础教育中应该把感觉全新化训练列为重要的教学内容，打破懒惰的、已经定型的观察事物的习惯的训练就是一种创新教育。内容包括：

a. 变熟悉为陌生，变陌生为熟悉。对一个熟悉的事物，试着用新的角度去看待它，就像在做"秀色可餐"课题时对那些熟悉的材料那样——悬置常识，悬置，并非是否定已有的知识，而是改变视角；对陌生的事物，人们通常的做法就是经过分析研究，把它列入现有的、可以接受的模式之中。譬如，豆浆机以前应该是一种生产工具的概念，近年来把它推向大众消费品市场，加上了"健康"、"小家电"的概念时，消费者就很容易接受了。

b. 重新定义。世界万物已经被我们做了分类标记，存储在我们的记忆里。如果忘记了这些，就会在理智上失去这个世界。语意学家告诉我们：词汇并不代表事物本身。由于过分依赖这些记忆或者是感知觉懒惰，就会使得人不愿意从不同的角度去重新观察曾经熟悉的物体。感觉是受客体调节的，使感觉全新化就是要重新定义。

c. 改变环境。一个人的视野和所处的环境对感觉的作用超出人们的想象。全新化观察是把感觉从常规概念转移到一个新的领域，从而使视觉活跃，外出去旅游可能是最好的方式。另一个方法是倒立观察熟悉的对象，由于改变常规视角，正常的关系随之改变，也会得到全新感觉。

d. 互换角色。可以用想象扮演对手的角色来观察同一个事物，甚至站在小狗的立场上看问题，也会有更真切的感受。

e. 阅读名作。名作往往具有独特的视角、真切的感受。如图3-20所示是荷兰画家埃舍尔的作品，名叫《婚姻的联结》。两个螺旋的结合与描绘，左边为一女人头，右边为一男人头，他们的前额缠绕在一起，像一个永无终结的带子，形成一对联合体。空间的联想通过许多的球体扩展开来，这些球体在空间的前方、内部和后方漂浮着。艺术家有意无意地排斥那些与他的情感和观念不相通的东西，竭力选择、夸张、变幻那些相同相融的东西。换句话说，只有那些与他内心共鸣的或亲身体验的美，才会被艺术家归入他自己的世界。埃舍尔深入大自然的心灵深处，建造着充满哲理的家园，他的心与宇宙之心相合。所以，他的作品表面上远离自然，其实更接近自然。

图3-20 《婚姻的联结》 作者：埃舍尔

当然"实现明晰的视觉全新化是要冒一定风险的。因为支持那种本质上与他人不同的感觉，常常要担惊受怕和感到孤立，只有那些看到文化卵袋之外东西的意义，并且为在文化卵袋内部经过努力而无法找到新视觉的替代物而痛心的人，才能进行全新化的思维。"⑦

注　释：

①［俄国］巴甫洛夫著.《巴甫洛夫文集》.北京：科学出版社，1955：P32.

② ③［美］R·H·麦金著，王玉秋、吴明泰、于静涛译.《怎样提高发明创造能力》.大连理工大学出版社，1991：P78-79.

④［韩］宋淑喜著，李龙译《高效能人士的七个观察习惯》北京：中国青年出版社，2009：P127.

⑤九官图一答案为B。

观察要点：直线数列规律。第一列从上到下各子图的直线数为8、7、6，第二列从下到上各子图的直线数为5、4、3，第三列从上到下各子图的直线数为2、1、(0)，故选B。从列的角度来分析试题，一般是选定每列中的某一特定元素，有时是其中两图中该元素之和等于第三图中的元素数量；有时是每列三图中的元素数量或类型存在共性特征。我们想要迅速找到规律，也可按写下数字找到数量关系的方法。

九官图二答案为B。

观察要点：以第一行图一为起点，黑色小方块沿着各自所在图形外围的四个顶角方向呈顺时针方向旋转。故选B。这类试题找寻规律的顺序更难把握，它的问号设置，可以在九官图最外部图形的任何一个位置，一般情况下，如果设置此类找寻规律的方法，那么九官图内部中心图形会与众不同。如我们例题的图形，外围所有图形都含有一个黑色方框，而正中心的图形却不包含这部分。因此，当考生看到具有此类特征的九官图试题时，可以先尝试从这种找寻规律顺序的角度来考虑。

九官图三答案为A。

观察要点：各行元素的种类是相同的，不同的是行内各部分的组合不同。比如说脸型有圆形、五边形、椭圆形三种，那么第三行空缺图形的一定是五边形，同理，头发的位置一定在五边形内，且嘴部的图形一定是个圆，故选A。

⑥［美］R·H·麦金著，王玉秋、吴明泰、于静涛译.《怎样提高发明创造能力》.大连理工大学出版社，1991：P86.

⑦［美］R·H·麦金著，王玉秋、吴明泰、于静涛译.《怎样提高发明创造能力》.大连理工大学出版社，1991：P88-89

第4章
想象能力

　　我们也许在做某件事情上被认为缺乏想象力，但绝对不是没有想象力。对未来充满希望就具备了想象力的基本因素；对未发生的事情产生担心、迷茫和不安同样也来源于想象力。值得注意的是，想象包含着许多的视觉图像。

4.1 想象力

爱因斯坦在《论科学》一文中对想象力作过极高的评价："想象力比知识更为重要，因为知识是有限的，而想象力概括着世界上的一切，推动着进步，并且是知识进化的源泉，严格地说，想象力是科学研究中的实在因素"。爱因斯坦还有这样的描述："写下来的词句或说出来的语言在我的思维机制里似乎不起任何作用。那些似乎可用来作为思维元素的心理实体，是一些能够随意地使之再现并且结合起来的符号和多少有点清晰的印象。对我来说，上述那些元素是视觉型的，也有一些是肌肉型的。只在第二阶段中，当上述联想充分建立起来并且能够随意再现的时候，才有必要费神地去寻求惯用的词句或者其他符号。"所以，想象力是大于创造力的，因为它控制着人们的知觉和行动，并贯穿于日常生活工作之中。观看下面几张图就需要想象力（图4-1～图4-4）。

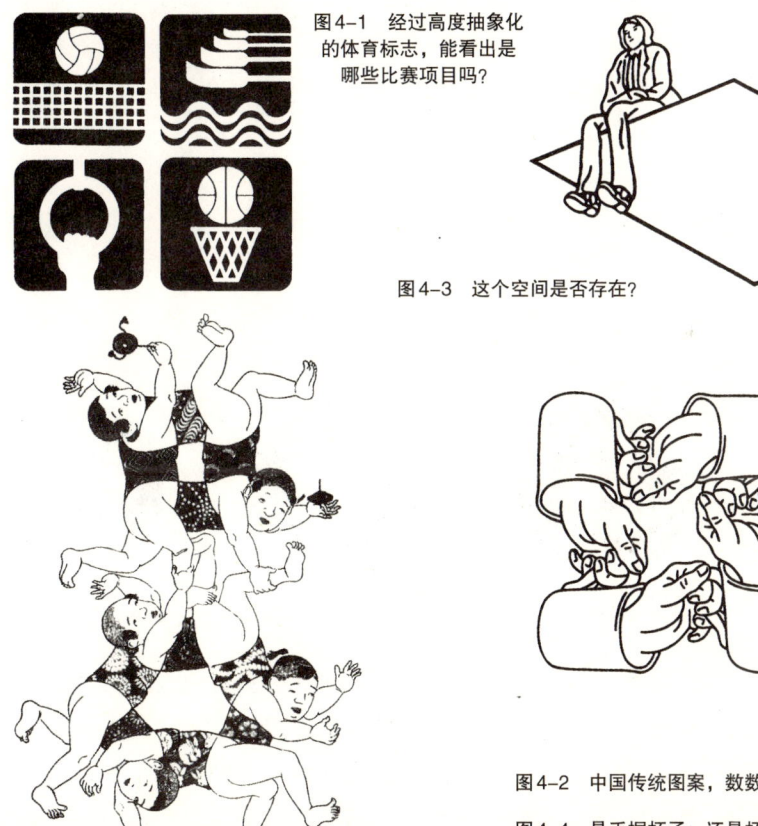

图4-1 经过高度抽象化的体育标志，能看出是哪些比赛项目吗？

图4-3 这个空间是否存在？

图4-2 中国传统图案，数数有几个小孩？（左下）

图4-4 是手握杯子，还是杯中伸出手？（右下）

这几张图都不是真实世界的写照，如果对体育运动一点概念也没有，观看图4-1，任凭想象丰富也会看不懂，因为想象力是建立在过去经验基础之上的；如果没有一点想象力，同样也看不懂，因为四个标志根本没有出现运动员和运动场景，是观众的想象力和抽象图形共同作用使得这几个运动标志不需要语言就能起到传达的作用。

此外，想象力借助知觉材料还能创造出新形象的能力。同样一个圆点，在图4-5中是眼睛，在图4-6中是人脸，在图4-7中是车灯，在图4-8中就成了轮子。其实都是想象力创造出来的形象。所以，想象是一种能促使人类预想不存在事物的独特能力，它更是一种能使我们同没有分享过他们经历的人产生共鸣的力量。概括起来，想象具有三个特点：

a. 自由性：想象是一个不受时空限制的、自由度极大的思维过程。想象可以由外界刺激，也可以由主观选择的方向引起而产生。想象的内容可以集中在一定的范围内。

b. 不可预测性：想象的过程不可能是线性的，而是一个思维发散的过程。其结果也是概率，不可能是"必然率"。所以想象具有不可重复性、易变性和偶然性。

c. 情感性：想象控制着人们选择看什么和忽视什么，喜欢什么和讨厌什么。所以想象都是有感而发的，与情感相伴，互相作用。人在不安的状态下想象总是与危险有关，而在春风得意时更多的想象与成功有关。

图4-5 场所标志一　　图4-6 场所标志二　　图4-7 场所标志三　　图4-8 场所标志四

创新能力的培养就是从开发想象力做起的，那些认为只有诗人画家才需要想象力的看法是极为片面的。从创造的角度看，只要是创造性活动，就一定离不开想象。从开普勒的行星运动三定律、拉瓦锡的氧化学说、普朗克的量子理论到魏格纳的大陆漂移说，甚至对一个问题的解答、一场轰动的演讲、一道习题的新解和一支笔的改进，无一不是以创造性想象为先导。

在小学美术课上，老师出的题目是画苹果，讲完课题后学生开始认真地画起来。讲评时老师发现，有位学生画的是方苹果，便问这位学生："苹果都是圆形的，你怎么画成方的呢？"学生回答说："我在家里看见爸爸把苹果放在桌上，一不小心苹果滚到地上摔烂了。我想，如果苹果是方的，就不会掉到地上了。"老师听了便鼓励他："你很会动脑筋，祝你能早日发明出方苹果。"常识告诉我们苹果是圆的，却画成了方的。而这位老师却循循善诱，引导学生说出了画方苹果的原因，并且鼓励学生早日发明出方苹果，这种唤起学生创新意识、激发学生丰富的想象力的做法，其实就是创新教育的重要内容。爱因斯坦提出了教育要"少一点功利，多一些探索自然的兴趣"，说出了创新教育的根本之所在。

训练课题15：苹果园

• 想象你走进一个苹果园，周围是一行行的苹果树，挂满了苹果。地上到处散落着大大小小的苹果……

• 有些已经裂成了碎块，有些已经腐烂，有些则看上去刚从树上掉下来，形状还完好……

• 正值仲夏，微风徐来，煞是惬意。当你走到树下，看到地面跌落的苹果，然后，你抬起头，忽然看到一个鲜红透亮的苹果就在你伸手可及之处……

• 于是你伸出右手，摘下苹果，把它放在眼前，苹果上还连着两片绿叶……

• 你慢慢地转动苹果，注意到上面有个虫洞，你感到仿佛可以隐身其中，从洞的另一头穿出……

• 在经历了这一想象过程后，你可以评估一下自己是否能很容易地进入其中的画面，注意到每一细节，体会到那种心情。

训练课题16：苹果想象50个

• 通过联想、象征等不同的方法，从不同的角度去赋予"苹果"以新的意象。

图4-9 苹果想象 设计：陈燕虹

4.2 心理图像

美国《心理研究季刊》曾介绍过一个提高投篮技巧的心理实验。课题组把学生分为三个小组：第一组在20天内每天练习实际投篮，并把第一天和最后一天的成绩记录下来；第二组也记录下第一天和最后一天的成绩，但在此期间不做任何练习；第三组记录下第一天的成绩，然后每天花20分钟作想象中的投篮，如果投篮不中时，学生便在想象中作出相应的纠正。实验结果：第一组学生每天实际练习20分钟，进球数提高24%；第二组学生因为没有练，也就毫无进步；第三组学生每天想象练习投篮20分钟，进球数提高26%。这就是所谓的"心理图像"。

在历史上不乏成功运用"心理图像"和"排练实践"的先例。比如：拿破仑在带兵横扫欧洲之前，曾在内心想象"演习"了多年。拿破仑还在上学的时候，就把自己想象成一个司令，画出科西嘉岛的地图，经过精确数学计算后，标出他可能布防的各种情况。世界旅游业巨头希尔顿在他还是一个孩子时，就常扮演旅游经理的角色，想象自己在经营旅馆。多年后，希尔顿就将他的连锁店开到了世界各地。

心理学家曾作实验，让一个人每天坐在靶子前想象他对靶子投镖。经过一段时间后，这种心理练习几乎和实际投镖练习一样能提高准确性。如果我们正想象自己以某种方式行事，几乎相当于是实际上在这么干，心理图像给我们提供的实践可以帮助这种行动臻于完善。这是因为人的神经系统无法区分生动的想象出来的经验和实际的经验，心理的图像便给我们提供一个实践机会，把新的优点和方法"付诸实践"。

训练课题17：心理图像

有经验的运动员在比赛前，会先想象一遍技术动作的要领，甚至自己取胜时的样子，就是利用图像化来发挥能力。准备好画有"0"图案并分别涂上红绿黄三种颜色的三张卡片。

- 选择一个颜色的卡片开始练习，目不转睛注视图形30秒。
- 闭上眼睛，注视残留在眼帘上的残像。
- 残像消失后，再睁眼注视卡片，反复5次。
- 当残像停留的时间越来越长，从二三秒增加到五六秒后，再用下一张卡片继续练习。

"心理图像"还有一个形象的说法叫"内心电影",这是一种有意想象,是指按一定的目的自觉进行的想象,可分为再造想象和创造想象。

再造想象是根据语言、图样、音乐的描述和示意,在人脑中形成新形象的过程。如读李白《静夜思》时,头脑中呈现出静夜—月光—思乡的电影画面。再造想象具有一定的创造性,由于个人的知识、经验、个性特征等主观因素的不同,再造想象的内容和创造水平存在一定的差异。再造想象可以帮助人们摆脱狭小的生活圈子,生动形象地认识自己没有感知过的或不可能直接感知的事物,扩大认识范围。图4-10的作者把计算机后面的导线和蔓藤植物向四方八方漫游的形象联系在一起,设计了一款取名为liana(蔓藤植物)的地面插座。这个设计颠覆了现有插座的形式,导线的伸缩可以像蔓藤植物那样蔓延,具有很好的收纳功能。把通常意义上的电器产品做成自然有机形态,在生活中能唤起消费者的无限想象。

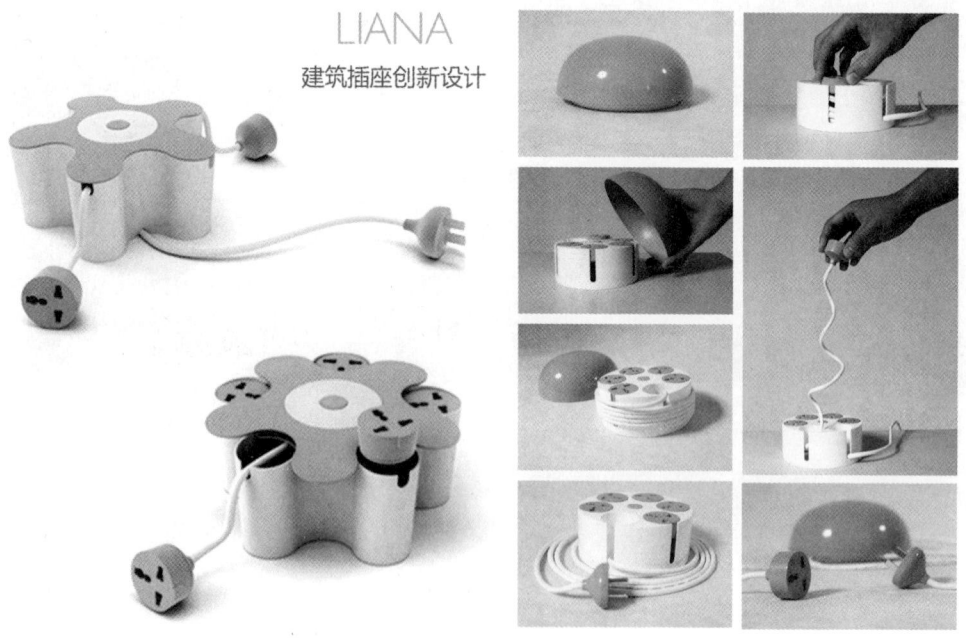

图4-10 Liana电器插座(2008年创意杭州"鸿雁杯"设计大赛中金奖作品)
设计:杭州电子科技大学 张权

创造想象是根据一定的目的、任务,在人脑中独立创造出新形象的过程。这些形象不是根据别人的描述,而是想象者根据生活提供的素材,在头脑中通过创造性的综合，从而构成前所未有的新形象。这种形象越新颖，其创造性也就越高。创造想象是创造性活动不可缺少的心理过程，无论是科学创造，还是艺术创作，都必须先在头脑中形成活动的最终或中间半成品的模型，即进行创造想象，可见，创造想象是创造性活动的必要环节。图4-11是一款名为滴水不漏雨伞。现实生活中，经常遇到这样的问题：下雨天用过的雨伞因为潮湿携带很不方便。"滴水不漏"就是为解决这个问题而设计的，可收纳伞柄的设计可以让带有雨水的伞轻松放入包中。设计灵感来自手风琴伸缩结构，雨天使用时只要将收缩的伞套拉开，将雨伞包裹并拉紧伞套即可。

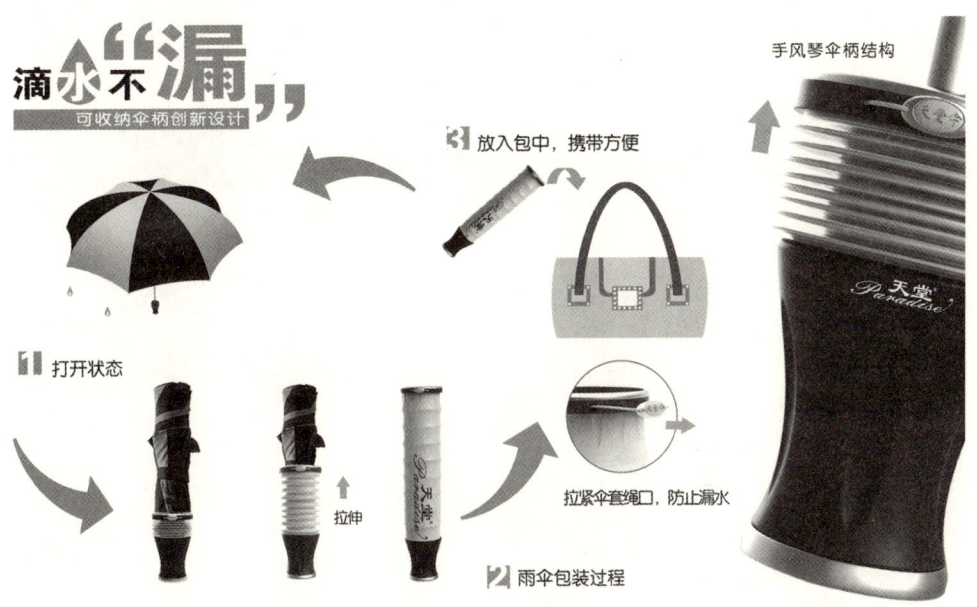

图4-11　滴水不漏的雨伞（2010年创意杭州"天堂伞杯"设计大赛金奖作品）
设计：杭州电子科技大学　褚志华

训练课题18：广告牌

• 用英文字母、阿拉伯数字及字库图形符号为素材，设计6个语意的广告牌：a. 请珍惜水资源！ b. 一根火柴能毁灭万顷森林！ c. 凡向鳄鱼池投掷物品者，必须自己拣回！ d. 谁愿意和尼古丁接吻？ e. 此处已摔死三人，您愿意做第四个吗？ f. 粗心大意可能会使你丧失一切。

• 本课题的出发点是回到"语言"的最初状态，用"图"来传达含义。

• 把限定的视觉元素再造想象为丰富的图形语意，通过组合、象征和比例调整等手段重新产生含义。

• 电脑软件：CoreDRAW 或 Illustrator。

请珍惜水资源！
（环境保护）

一根火柴能毁灭万顷森林！
（森林防火）

凡向鳄鱼池投掷物品者，
必须自己拣回！
（动物园）

谁愿意和尼古丁接吻？
（戒烟）

此处已摔死三人，
您愿意做第四个吗？
（交通安全）

粗心大意可能会使你丧失一切。
（消防）

图4-12　广告牌　设计：杭州电子科技大学信息工程学院学生

4.3　放飞心灵

与有意想象相对应的就是无意想象。无意想象是指没有预定目的、不自觉的想象，是当人们意识减弱时，在某种刺激作用下，不由自主地想象某种事物的过程。梦就是典型的"无意想象"，是在睡眠状态下，一种漫无目的、不由自主的奇异的想象。

一个著名的例子就是发现苯分子结构的故事。据说，德国化学家弗里德里希·凯库勒（Friedrich Kekule）花费许多时间和精力探究有机化学苯的分子结构，但是，一直未能发现其中的奥秘，反而把自己折腾得身心疲惫。一天，凯库勒面对壁炉，坐在椅子上打起了瞌睡。在这种迷蒙状态下，他看到成群的原子排成一个队列，长长的队列像一条蛇那样蠕动着、缠绕着。忽然，蛇头咬住了蛇尾，形成了一个圆环在凯库勒眼前旋转着，像嘲笑他似的。这时，凯库勒像遭到电击一样猛然清醒过来，并且立即悟出：苯的分子结构是封闭的环形，而不是开放的链形（见图4-13）。

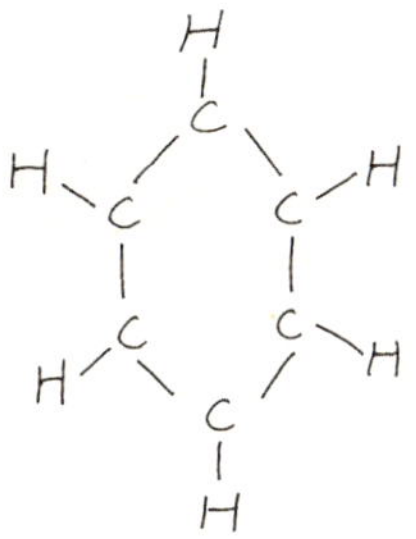

图4-13 苯分子C_6H_6的环形结构

这是真正意义上的科学发现，在这个过程中丝毫没有抽象的、理性推理成分，全是形象化，而且是视觉化的东西。为什么凯库勒白天"看"不到而会梦？因为做梦时，人超越了清醒状态缠绕于头脑中的"可能与不可能"、"合理与不合理"、"逻辑与非逻辑"的界限，而进入一个超越理性、横跨时空的自由自在的思维状态，成了创新发现的源头。

梦对创新的促进作用至少体现在三个方面：第一，梦的内容通常和人们生活中发生的事情有关，即所谓"日有所思，夜有所梦"，梦境似乎能够用最佳的方式来解决人们所面对的现实问题；第二，梦能够从过去的经验，从一些左脑鞭长莫及的有意识的回忆中，收集相关的情感记忆；第三，梦会启示关于人们自身永远无法磨灭的真理。对此，日本发明家还总结出一套利用梦境来创造性解决问题的方法：其要点是：

　　a. 充分明确创造的动机，增强创造的欲望；

　　b. 准备丰富的材料，最好用图形或图表来表示；

　　c. 入睡前自己给予暗示；

　　d. 在枕边放笔记本和笔，以备随时记录；

　　e. 对梦的内容进行分析和联想，以求从中找出答案。

　　除了梦想，幻想也是一种"放飞心灵"、超越"合理与否"等理性判断的方式。在日常生活中我们都有这样的经历：当遇到挫折或难以解决的问题时，便会脱离实际，想入非非，把自己放到想象的世界中，企图以虚构的方式应付挫折，获得满足。这是一种心理防御机制，帮助我们度过心理难关。从另外角度看，幻想是指向个人所希望的未来事物的想象过程，是创造想象的特殊形式。美国一本杂志几年前曾邀请几位科学幻想家提出他们的幻想提案：机器人可以读懂你的心情、喷墨打印机能够制造出可供移植的心脏等。

　　"机器人可以读懂你的心情"幻想者感言："想一想科幻电影里那些你最喜爱的机器人，那就是我想要追求的。"这是一种能像人类一样进行交流的机器人。美国麻省理工学院媒体实验室机器人生命集团主任、三十多岁的辛西亚·布里齐尔（Cynthia Bristol）希望这种善于交流的机器人能够教书、照顾弱者，甚至成为孤独者的朋友。2000年，布里齐尔造出了一个能够根据人类眼神和声音提示作出一些面部反应的机器人头颅。最近，她又创造了可以和人类进行视觉交流的机器人列奥纳多（Leonardo），它的一举一动还颇为优雅。由于其人造皮肤具有触觉感应系统，这个毛茸茸的怪物在被人胳肢时竟会轻微地颤抖，如果你想握紧它的手，它会很害羞地将手抽回去（图4-14）。据说好莱坞的特技制作公司斯坦温斯顿制作室正在与布里齐尔合作研制这种机器人。英特尔、诺基亚和索尼等大公司，也对这种自然的拟人交流"界面"感兴趣。[①]

图4-14　列奥纳多机器人

训练课题 19：想象漫游

· 想象你坐在课桌前，桌上空无一物，平坦的桌面慢慢扩展、慢慢扩展，一直扩展到有飞机场那么大……

· 一架喷气式飞机飞过来，降落在课桌上。听到了飞机发动机的隆隆声，并且闻到了呛人的油烟味……

· 震耳的隆隆声，很快变成悦耳的交响乐，是一首熟悉的曲子，比如是"欢乐颂"。那种油烟味也变了，变成了田野里的青草气息……

· 走上前去，摸了摸飞机的机身，滚烫滚烫的，你的手指有烧灼感。很快，机身冷却下来，冰冷冰冷，把你的手指冻得有些麻木……

· 最后，课桌和飞机都迅速缩小，课桌恢复原来的大小，而飞机则成了纸做的模型。

训练课题 20：橘子想象

· 凝视一个橘子……

· 反复观察其形状、颜色，然后抚摩表面，再闻其气味……

· 闭上眼睛，回想橘子给你留下哪些印象……

· 放松，消除其他杂念，想象自己钻进橘子里，里面是什么样子……

· 感觉到了什么？它的滋味怎样？

· 想象自己从橘子中走了出来，记住刚才在橘子内部看到、尝到、感受到的一切。

训练课题 21：条形码

· 条形码作为一种商业社会标准化的产物为人们所熟悉，给人印象是准确、秩序和方便；

· 作为一种在观念上已经被固化的存在形式，能否在保持其基本特征的同时让它产生一点个性或者幽默感。

· 通过再造想象对条形码进行重新设计，从不同的角度赋予这个形式以全新的概念。

· 电脑软件：CoreDRAW 或 Illustrator。

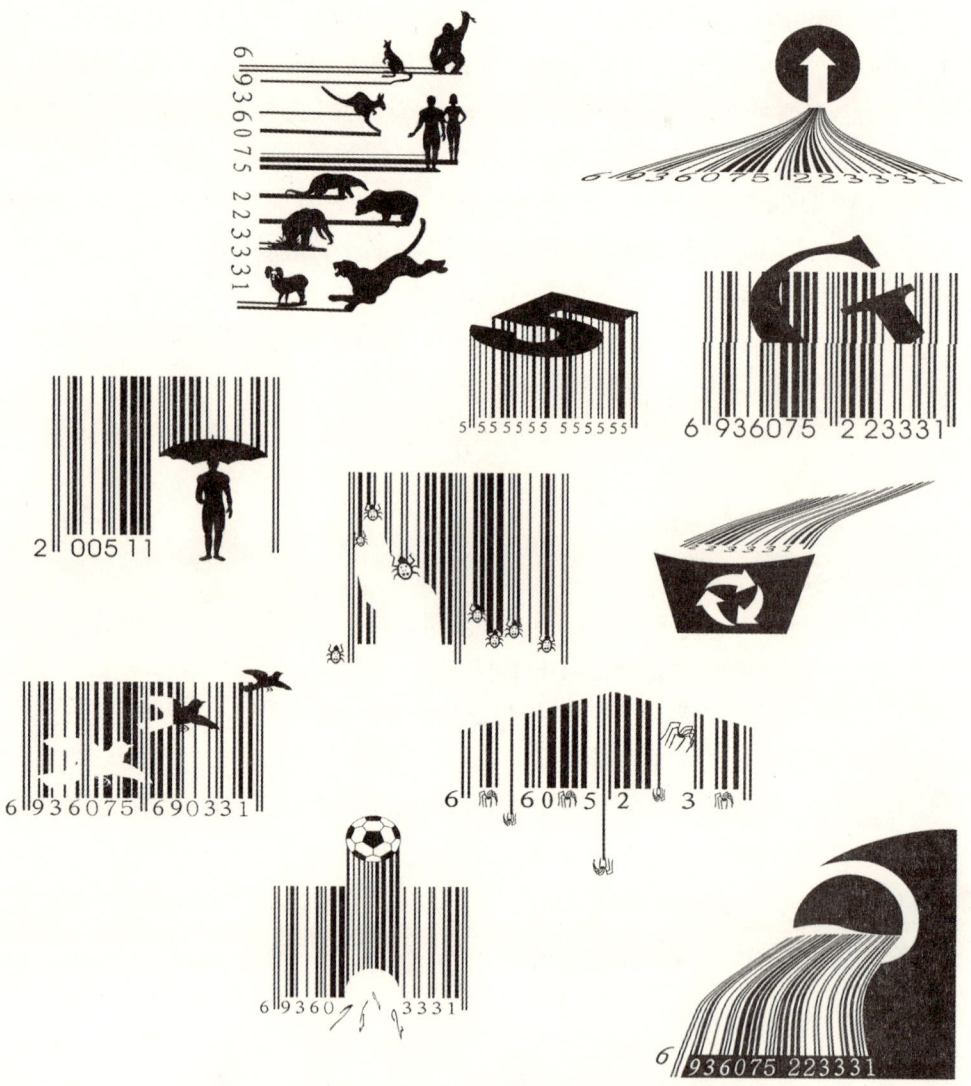

图4-15　条形码　设计：杭州电子科技大学机械工程学院学生

4.4　类比思考

有一支南极探险队准备在南极过冬，当时队员们正在设法用输送船把汽油运到基地越冬。由于初到南极，实地操作时才发现输油管道的长度根本不够，又没有备用的管子，所有的队员都难住了。这时，探险队长突发奇想：用冰来做管子！

这位队长的想法当然不是空穴来风，而是充分利用了南极的现实条件。水在遇到外界空气的瞬间就会变成冰。问题是怎样使冰形成管状，而且在中途不会断裂？队长又生一计：把医疗用的绷带缠在铁管上，上面再淋上水让其结冰，然后拔出铁管，就做成了冰管子，再如法炮制数个"冰管"，把它们连接起来，就成了长长的输油冰管了。以冰和金属的"潜在相似"去解决问题的方法就是类比思考，通过意象的转换变成新思路，是这个创新想法的关键之所在。

类比思考又称综摄法，是由美国麻省理工大学教授戈登（W. J. Gordon）于1944年提出的一种利用外部事物启发思考、开发创造潜力的方法。这种方法有两个思考工具："异质同化"和"同质异化"。

"异质同化"是把看不习惯的事物当成早已习惯的熟悉事物。在问题没有解决前，这些事物对我们来说都是陌生的，异质同化就是要求我们在碰到一个完全陌生的事物时，运用所有经验和知识来分析、比较，并根据结果，作出很容易处理或很老练的态势，然后再去用什么方法，才能达到这一目的。"同质异化"则是对某些早已熟悉的事物，根据人的需要，从新的角度观察和研究，以摆脱陈旧的固定看法的桎梏，产生出新的构想，即将熟悉的事物化成陌生的事物看待。为了更好地运用异质同化、同质异化，戈登还提出了四种模拟技巧：

a. 人格性的模拟——感情移入式的思考方法。设想自己变成该事物后，自己会有什么感觉，如何去行动，再寻找解决问题的方案。

b. 直接性的模拟——以作为模拟的事物为范本，直接把研究对象范本联系起来进行思考，提出处理问题的方案。

c. 想象性的模拟——利用人类的想象能力，通过童话、小说、幻想、谚语等来寻找灵感，以获取解决问题的方案。

d. 象征性的模拟——把问题想象成物质性的，即非人格化的，然后借此激励脑力，开发创造潜力，以获取解决问题的方法。

麦金教授曾在课堂上组织了一次生动的"类比思考"讨论，课题是：设计一种新型屋顶。师生在讨论过程中激发具体和抽象的内在意象。

课题分析：如果屋顶夏天呈白色，冬天呈黑色，则在经济上是有益的。这是因为在夏天，白色屋顶能够起到反射阳光的作用，可以减少空调费；而在冬天，黑色屋顶可以吸收太阳光的热量，也降低了取暖费。就此问题展开了讨论：

学生A：自然界有什么东西可以改变颜色？

教师：黄鼠狼——在冬天是白色的，而在夏天毛色则是棕色的伪装物。

学生B：对，不过黄鼠狼在夏天长上棕色毛以前，必须脱掉白毛，而屋顶却不能每年都拆两次。

学生D：不仅如此，这还不够。黄鼠狼每年只改变两次颜色，我想我们设计的屋顶应随太阳光的强弱而改变颜色，因为就是在春天和秋天也有冷天和热天。

教师：好，变色龙如何？

学生C：这个例子要好一些，因为变色龙能够不断地改变其颜色而不需要脱掉皮肤和毛。

学生D：变色龙是怎样变的呢？

学生A：比目鱼一定也是这样的。

学生D：什么样的？

学生A：傻瓜！比目鱼一旦躺在白沙子上就变成白色的，而在泥土上就变成了黑色的。

学生C：不错，我也曾看到过这种情况，但它是怎样变色呢？我不清楚。

教师：是由于载色体的作用。但我不敢肯定是有意的还是无意的……等一下，可能两者都有一点儿。

学生C：它究竟是怎样变色的呢？到现在我也没弄清楚。

教师：你想听吗？

学生D：教授，请讲讲吧！

教师：好，让我来介绍一下。在比目鱼的身上，颜色是从明到暗，又从暗到明。不过，这里我不应该用"颜色"这个词，因为在比目鱼身上尽管能显露一点棕色和黄色，但是在它身上，从来没发现过蓝色和红色。这既是有意的，又是无意的。无意过程是随着周围条件而自发进行的调节活动过程。变色过程正是这样进行的，在真皮的最深处有一种叫黑色素载色体的物质，当黑色素载色体被推向真皮面时，比目鱼浑身都是黑点。这样看上去就是黑色的了。这就如在印象派艺术作品中的一串小比目鱼一样，看上去连成一片，而只有当你靠近画时，你才能分清是细小的比目鱼。当黑色素退回到载色体底部时，比目鱼颜色变浅。是否大家都想听一听有关莫尔皮希亚细胞和鸟嘌呤的理论？这带给我们的快乐要大于……

学生B：你知道，我有个极好的主意。我们可以将比目鱼变色的事类推到屋顶变色的问题上来。假设我们的屋顶是黑色，另外在黑色上缀有细小的塑料泡。太阳一出来，屋顶便变热。按照热胀冷缩定律，小白塑料泡将膨胀起来，从而在整个屋顶上展开。这就像比目鱼变色一样，整个屋顶就变成了白色。确实是由于比目鱼的载色体的黑色素部分出现在其皮肤上吗？好，那么在我们的屋顶上，当其变热时，由于白色塑料泡的胀大变成了白色。思考这一问题的方法有很多……

随着讨论的深入，与会者讨论的问题涉及生物、艺术、历史等多种领域中能够寻找出另外的类比法。如果他们幸运的话，就能够想到一个隐喻，在激动的瞬间就可以发现一个"潜在相似"，而它又可以提供解决这个问题的方法。这种意象是相关的，但不是固有的。当这个抽象的内在意象逐渐转入意识中时，它就被认为是新观点的基本结构。

麦金进一步指出："从抽象到具体的视觉思维者，执行的是一种最有力的思维策略。在抽象过程中，思维者可以真正重新确定一个概念，甚至对概念进行转换。新的抽象概念就可以被具体化为那种可以在现实中冷静加以检验的形式。从具体到抽象的过程也一样，就像当初你看到一个具体形象，并由此提出一个新的抽象一样，当抽象的和具体的设想以图示的形式表达出来时，这种抽象——具体的思维策略就变得视觉化了。"②

注　释：

①资料来源：http://www.enet.com.cn/article/2008/0326/A20080326197729.shtml

②［美］R·H·麦金著，王玉秋、吴明泰、于静涛译.《怎样提高发明创造能力》.大连理工大学出版社，1991：P199-201.

第5章
视觉意象

　　本书导论提到的"意象"，在阿恩海姆的视觉思维理论体系中是一个非常重要的概念，"思想是借助于一种更加合适的媒介——视觉意象进行的。而语言之所以对创造性思维有所帮助，就在于它能在思维展开时，把这种意象提供出来。"[①]他认为概念思维中没有意象的存在，就会陷入一种"贫血的思考"。

5.1　心灵的意象

在阿恩海姆看来，任何思维，尤其是创造性思维，都是通过意象进行的。与知觉不同，意象纯粹是一种内心活动的表现。不妨作个心灵意象实验：闭上眼睛回忆一个童年时的小朋友，她胖嘟嘟的脸，扎了个马尾辫，尤其是笑起来两个小酒窝活灵活现，此时此刻展现在脑海里的形象就代表她，这个形象显然是建立在我对儿时伙伴先前知觉记忆的基础上的。由于脑子里有了她的形象，儿时的伙伴就成为一种心理现实，而不必依赖于她的真实存在（现在的她早已不是原来的她了）。显然，这种意象只关注于关键部位（如眼睛、酒窝、马尾辫），把无关紧要的部位舍弃时，就会见到一种表象上不清晰、不具体甚至模糊的意象，这是一种既具体又抽象的意象。

这种模模糊糊若隐若现的形象是否意味着对此没有充分把握，或者仅仅把握到事物的一部分呢？其实这种模糊的形象并不代表一个真实的事物，而是代表着一种"意"的东西。正是这种"意"，才使心理意象与原本事物从根本上区别开来。这种意象的形成，是心灵对某种事物之本质的认识和解释的产物，所以称之为"心灵的意象"。

哲学家康德说得更明白，意象其实是"想象力重新建造起来的感性形象"。美国心理学家安德森（J.R.Anderson）把意象概括为六个特征：[②]

　a.　意象可以不断地呈现为多变的信息；

　b.　意象可以被操作，即模拟的空间操作；

　c.　意象不受视觉通道的约束，并呈现为空间的和不断变化信息的一部分；

　d.　数量属性（如尺寸大小）很难在意象中得到辨析，但意象中会呈现出较多的数量特征的相似性；

　e.　意象比图形具有更多的可塑性，而较少脆性；

　f.　复杂事物的意象被分割为若干部分。

中国传统文化中早有"意象"之说。南北朝时期的文学理论家刘勰在《文心雕龙》中就有"独照之匠，窥意象而运斤"之说。其中的"意象"就难以言传，特指人的思想、感情、审美、理想、道德等内在主观的东西。古代文人往往借助自然物象来寄托主观的意，即所谓"夫象者，出意也"。由此看出，古人所谓的"意象"，是通过人的感官接触外物所引发的想象体验所形成于心中的图像。从这一点上看，与西方心理学中的意象概念有许多相似之处，都是"心灵的意象"。

麦金把意象形象地比喻为"心灵的眼睛"，他认为意象不同于感觉形象，可以在闭上眼睛没有感觉刺激的情况下发生，而是运用心灵的眼睛来感觉到。他同时指出，对部分人来说，"他们的心灵眼睛几乎是瞎的"。他把这些归罪于现代教育严重忽视了对心灵眼睛的训练。"第一，它未使学生意识到他们的精神意象；第二，它很少提供开发这种内在资源的机会。长期生活在黑暗地方的蝙蝠和鱼已逐渐演化成目盲生物。同样，心灵的眼睛如果不用也会走向盲人一样的后果"。[③]

由此看出，麦金把"心灵的眼睛"的开发作为创新教育的重要内容。下面两组"心理实验"，可以作为唤起心灵意象的提示物，帮助我们强化和澄清心中的意象（训练课题22：意象呈现）。如果视觉、听觉、嗅觉和触觉都被唤起，麦金所说的"心灵的眼睛"将被进一步强化（训练课题23：多感意象）。

训练课题22：意象呈现

由老师朗读下列语句，学生闭上眼睛，将老师提示的语言转换成"内心意象"。

- 高中学校的校门。
- 好朋友的脸蛋。
- 一个同学走路的姿势。
- 学校食堂工人打菜的姿势。
- 我的宿舍。
- 晚霞映照下的水面。
- 云中的月亮。
- 下雨天同学们打着雨伞走出校门。

训练课题23：多感意象

由老师朗读下列语句，学生闭上眼睛，将老师提示的语言转换成"多种感觉的意象"。

- 台风来临时风雨交加的情景。
- 动物园里的猴子边跑边打闹。
- 邻居家小孩的哭闹声。
- 打预防针的感觉。
- 站在20层楼顶往下看。
- 牙膏的味道。

- 一碗香辣泡面的味道。
- 走在西湖边，微风拂面。
- 坐在松软的沙发上。
- 饥饿的感觉。
- 极度疲劳的感觉。
- 夏天爬山身上的汗臭味。

5.2 意象的变动性

心理学家曾作过一个实验来探索意象的变动性。实验人员先向被试者展示一个图形，然后再给出两个词让被试人员来描述这一图形（如图5-1所示）。

图5-1 图形意象

接着要求被试人员记住图形，并要求根据记忆画出这个图形。结果所画图形明显受到给定词语概念的暗示而被"歪曲"了：被给出"眼镜"一词的人将这个图形画成了眼镜状；而给出"哑铃"一词的人则画成哑铃状。

这个实验说明了意象不像知觉那样稳定，它很容易变动。知觉所具有的恒常性在日常生活中都能体会到的，不然就乱套了，如感知一座房子不会混同于一座山，听见汽车喇叭声不会误认为是老虎叫。造成这种稳定性的根源在于知觉与刺激物有一种比较直接的联系。心理学家安德森在《认知心理学及其含义》一书中谈到上述实验时写道："被试者对这个图形的物理特征的记忆，明显受到某个类型的一般知识的歪曲。因此，意象似乎比图形更具可塑性。尽管许多人在试验中报告说有一种对视觉化的对象的经验，但是，内心意象似乎并不是'头脑中的图像'。它不同于图像，因为它是不精确的，可能受到歪曲。"④

总之，知觉较为直接地依赖于刺激对象的固有属性，意象不是知觉刺激的直接反应，而是在知觉基础上经由记忆等机制而唤起的内心形象。与知觉表象相比，它已不是刺激物的直接复现。因此，它的非稳定性也就是它同刺激物本身有差异，更严格地说，与较多地受制于客观事物的知觉表象有差异。

正是意象的这种变动性给创新创意提供了广阔的活动空间，使创造者从刻板的复制中解放出来，进入一个广阔的创造天地——对意象的再塑造。毕加索在作品《艺术家和模特》中描绘了自己在对着玛丽·沃尔特画素描的场景，值得注意的是画面上的线条更多的是作者头脑中意象的表现，而不是对模特形象的直接描写（见图5-2）。

图5-2 《艺术家和模特》草图 作者：毕加索 1927年

画家凡·高曾说："我平生的宏愿，就是学会画出现实中那些不精确、不规范、改造过、修改过的地方，把所有这些做成一些假象——是的，是假象，如果愿意这么说的话。但是，这是比地道真实更加真实得多的假象。"⑤正因为如此，我们在凡·高的画中，看到了自然中不曾见过的向日葵、奇妙的星空、神秘的蓝蝴蝶花，这恰恰说明了凡·高对意象非凡的创造力。

意大利心理学家曼弗雷多·马塞罗尼（Manfredo Masseroni）设计过一个感性游戏：用签字笔徒手画任意性的不规则闭合图形，所谓的"任意性"就是画的时候事先不要考虑图形代表什么东西（图5-3）。然后，用一个"O"和一个"∠"添加在这个任意图形的恰当位置上，并使任意图形瞬间变成一只小鸟。不可思议的是，几乎所有的任意图形都能变为小鸟，看似无足轻重的线条都变成了有意义的头、翅膀、躯体等（图5-4）。这个游戏至少说明两点：一是体现了视觉建构的能力，看似任意的图形，我们都能"看"到含义；二是摆脱"固有概念"，任意性和灵活性在很大程度上可以从固有的视觉思维模式中解放出来。与其他活动相比，我们更重视自己的创造性活动，敏锐的感知能力能增强解决问题的自信心，需要对过去经验的记忆以及对新的想法进行积极的评价和尝试。视觉思维训练会使每个人都有创造性，能够快速展示问题的关键从而去解决。这种训练可以帮助学生直观地发现材料、技能与形态之间的密切关系，并把这些因素进行创造性的组合。

图5-3　任意画的不规则图形

图5-4　不规则图形瞬间变成了小鸟

5.3　潜在的相似

意象的变动性不仅意味着意象自身可以得到改造，还意味着可以在不同的环境和关系中转换成新的东西，而这种转换的关键步骤是能发现两种意象之间潜在的相似。

距今约1500年前，达·芬奇在他的手记中有一个完整的直升机设计方案（图5-5），他发现空气的流动在本质上与水的流动具有潜在的相似。基于此，他采用了螺旋形状，这一形状在他所处时代被广泛用于水的驱动。为了在空气中能垂直地把人"拉起来"，他把螺旋轴改为垂直方向。虽然这个设计方案还不能升空，但其设计理念和外形已很接近今天的直升机了。这个事例说明了当螺旋状的物体被水驱动的意象进入主体意识时，就转换成了螺旋桨升空的基本结构。

潜在的相似一旦被发现，就可以用多种方式来加以描述。比如在文学中，潜在的相似可以通过比喻转换成新的东西。我们会把竹编或者剪纸比喻为"民间艺术的奇葩"，按常理，花和民间艺术无论在性质还是在形态

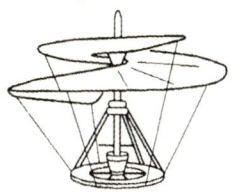

图5-5　达·芬奇手记中的直升机方案

上毫无相似之处，但潜藏在两个词后面所引起的情感存在相似之处。美丽的花朵和绚丽的民间艺术在某种程度上的这种相似性通过抽象和比喻联系在一起。

在科技发现中同样存在这种抽象的联系，交流电机的发明过程就是一个例子。直流电发明之后，尼古拉·特斯拉（Nikola Tesla）花费了多年时间研究发明交流电机，但进展缓慢。一次，他与一位朋友在日落时分漫步，落日的余晖使特

拉斯想起了哥特的一首诗来："余晖褪尽，辛劳的一天结束了，在那匆忙的一边，新的生命正在延续，啊，没有飞翼能够把我带离这片土壤，只有循着它的轨迹，去飞翔。"这首诗描绘了一幅优美的田园风景，描写一个人环绕世界旅行，希望能够持续看到夕阳。特斯拉从这幅图中意识到了某种相似之处，在电机的电枢（电机的旋转部件）上，各点就是受到磁力的吸引，而磁力则超前于电枢进行旋转运动。这种落日的比拟启发了特斯拉，使他意识到电机的磁场也应该在电机内部保持旋转，就像从我们的角度看，太阳是围绕着地球在旋转一样。他本来就已经知道如何通过交流电创造出一个旋转的磁场，因此，在他的脑子里立即生成了一幅视觉画面，这就是交流电机的最基本的设计方案。

由于受到某种启发而生成一个新的解决方案是很常见的，在这个过程中，要意识到下面两者之间的相似性：a. 一个已经花费某人很长时间去尝试解决的难题；b. 某个在普通人看来与这个问题很不相关的东西。

训练课题24：形象过渡

- 以正方形作形象过渡联想。
- 注意形象过渡之间的相似性和过程性，要渐变，不要突变。

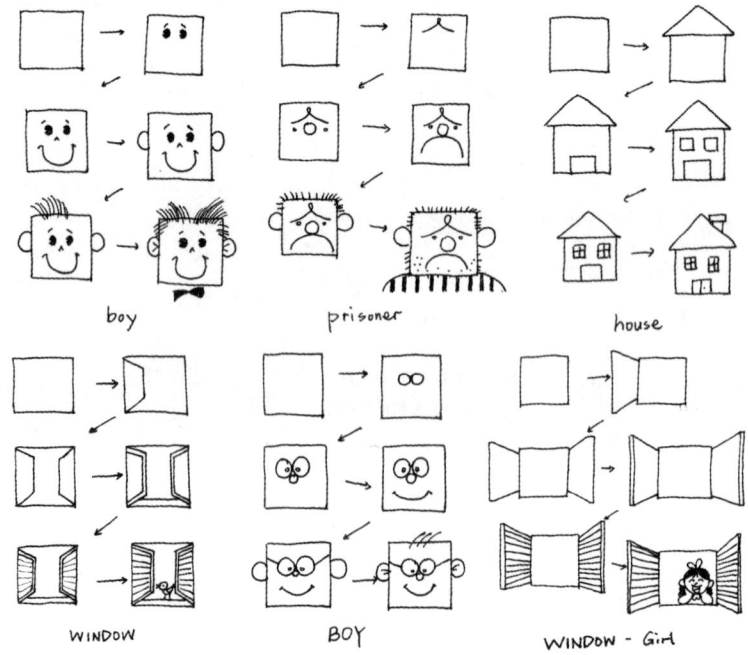

图5-6 形象过渡 设计：刘志恒

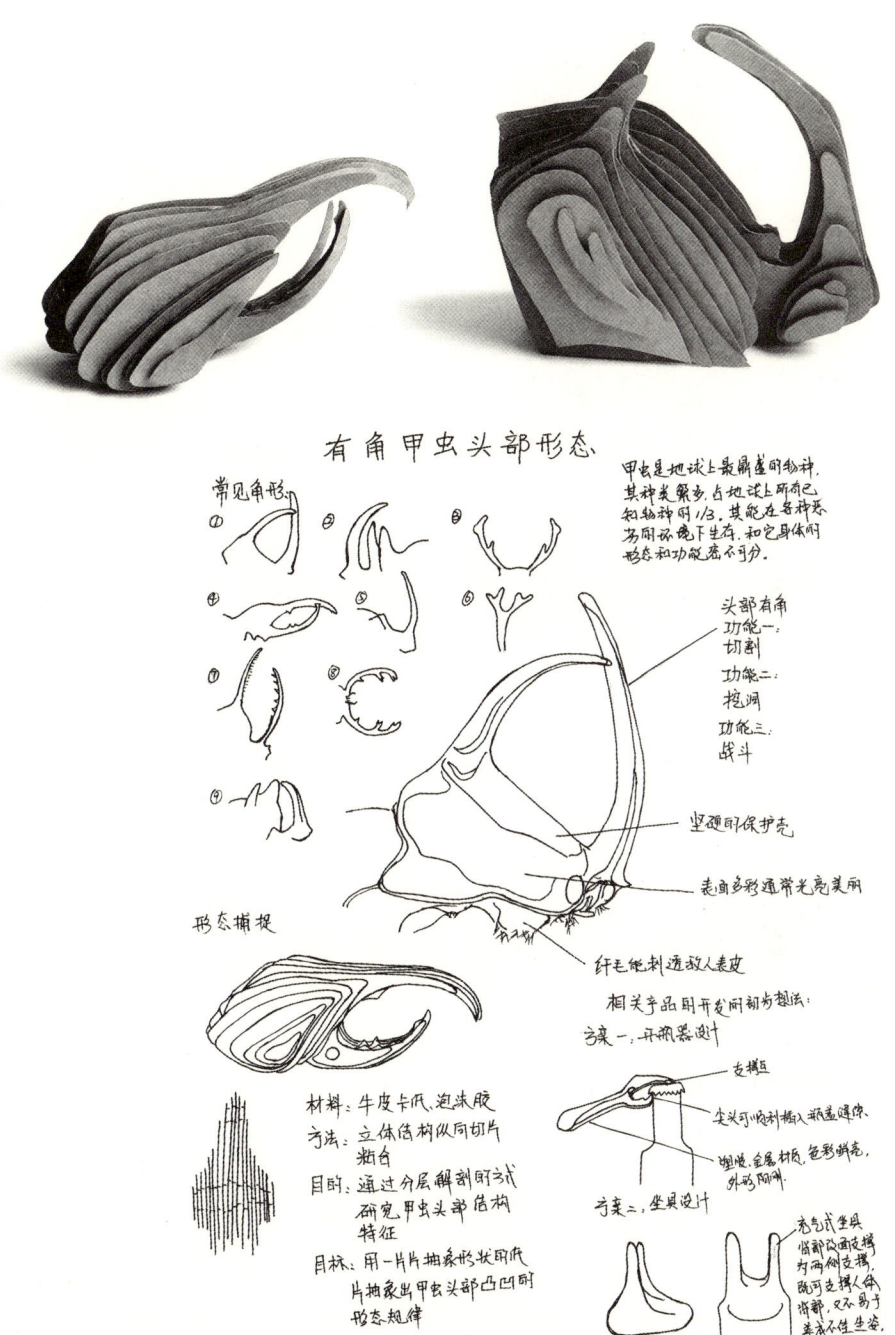

图5-7 形态意象 设计：王莹

图5-8　形态意象　设计：沈也

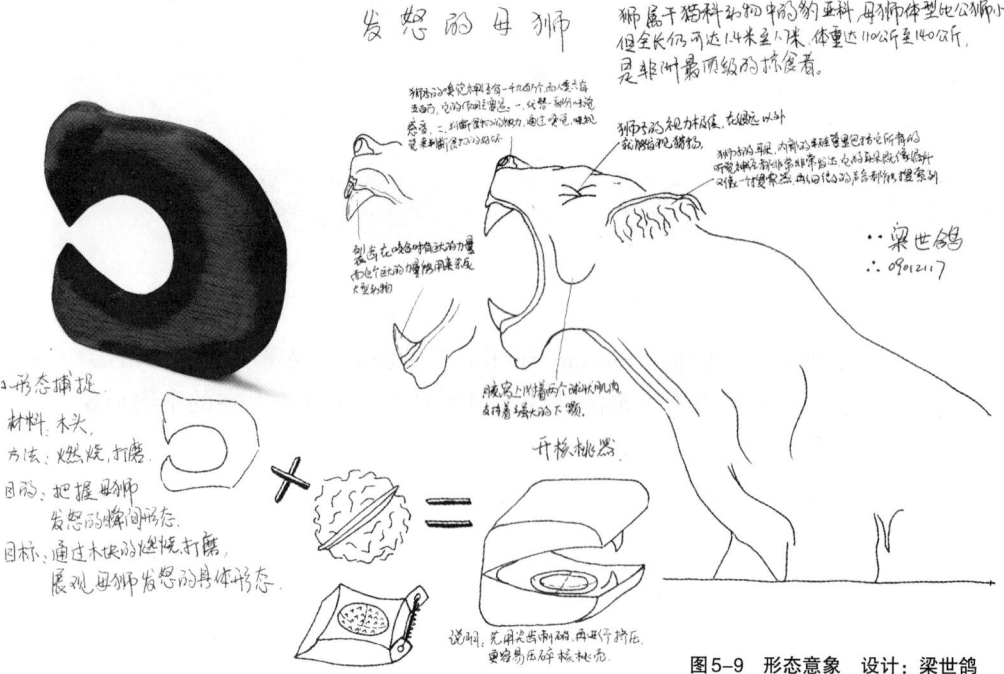

图5-9　形态意象　设计：梁世鸽

训练课题25：意象转换

• 根据视觉笔记的形象资料制作一个生物意象模型。

• 抽象表达生物某种特征或状态（抓、握、叼、咬、逃跑、追踪、注视、瞭望、惊恐、翱翔等）。

• 模型材料、尺寸不限。

5.4 创意是意象的解构

所谓的创意就是在不同层次上进行从具体到抽象、从意象到图解的加工。人类从地球上看月亮，月亮上是玉兔、是桂树、是嫦娥、是琼楼玉宇，是冰魄广寒。月亮在人的内心曾经唤起多少梦幻和憧憬，曾经惹出多少幽思和情怨。直到1969年人类第一艘宇宙飞船真的登上月球，客观世界的月亮便只剩下了干枯的海、死寂的山川和荒凉的尘土。在欢呼科学成就的同时，人们同时失去心灵中的月亮——那个童年时代在祖母怀抱中透过老槐树的枝杈看到的昏暗的月亮，少年时代从李白、李贺、李商隐的诗篇中看到的那个清冷的月亮。

不难看出，在人类生活中确实存在着两个显著不同的世界：一个是客观的物质世界；另一个是主观的精神世界（图5-10、图5-11）。客观世界是事物的本质，主观世界是对人的个性的多种表现；客观世界是对外物的真实的阐释，主观世界是对内心的真诚的体验。

最形象的例子是人们把真诚的爱情比作为美丽的花朵，在现实世界里，有玫瑰花、梅花、白兰花……谁也没见过"爱情之花"。但在人的心中却好像真切感到她的存在——比玫瑰花更娇艳、比梅花更清秀、比白兰花更馥郁，她具有一切自然界的花所没有的特性：永不退色，永不凋零。这种看不见摸不着，但又仿佛具体可感的爱情花朵，就是对自然之物若隐若现的意象解构。

美国心理学家阿瑞提（Silvano Arieti）在《创造的秘密》一书中指出："意象具有把不在场事物再现出来的功能，但也具有产生从未存在的事物形象的功能——至少在它最早的初步形态中是如此。通过心理上的再现去占有一个不在场的事物，这可以在两个方面获得愿望的满足。它不仅可以满足一种渴望而不可得的追求，而且还可以成为通往创造力的出发点。因此，意象是使人类不再消极地去适应现实，不再被迫受到现实局限的第一个功能。"他接着写道："如果意象再现出了那些实际存在而不可得到的事物形象，就可以促使人去行动、探求、找到

图5-10　以月亮为意象的
　　　　纹章（清代）

图5-11　人类对月亮的创
　　　　意作品

那个渴求获得的事物；如果这种事物实际上并不存在，就会促使人去创造它；如果既不能找到它也不能创造它，人就会在白日梦中去幻想它。"⑥开发内在意象的方法：

a. 安静的环境。内部激励，易于在无外部刺激（如令人心烦的噪声或障碍）的环境中出现。

b. 培养兴趣。注意力与兴趣有关，当你有这样做的动机时，会更可能看到内在的画面。

c. 放松注意力。放松注意力的状态对内在意象是非常重要的。没有一定程度的松弛，意象就受到抑制，而没有一定的注意力，意象就是无规则的，眼部肌肉的松弛也要适度。

d. 发现意象的位置。有些人的内在意象出现在眼前，而有些人在前额中间或脑后出现智力画面的体验，还有一些人睁着眼睛就能直接见到内在意象的画面。另一些人闭着双眼也能见到。⑦

图5-12 建筑大师弗兰克·盖里坐在由他自己设计的、用瓦楞纸板做成的沙发上。

建筑大师弗兰克·盖里（Frank O. Gehry）以最具创意的作品震撼现代建筑界（图5-12），我们可以从他的建筑、产品设计中看出他是一位善于捕捉意象的大师。所以，他的作品一直吸引着全世界的眼球，其中包括西班牙毕尔巴鄂古根海姆博物馆、美国加利福尼亚州洛杉矶的沃尔特·迪斯尼音乐厅（图5-13），以及近期项目美国内华达州拉斯维加斯的克利夫兰卢鲁沃脑健康中心、美国纽约的比克曼住宅大厦、即将完成设计的阿拉伯联合酋长国阿布扎比的古根海姆博物馆和法国巴黎的路易·威登创意基金会。除了建筑，盖里还涉及汽车、家具、珠宝设计等领域，他特别擅长把某些意象神奇地转化为创意作品：悠游的鱼的意象常常出现在他的作品形象中。据说童年的生活记忆让他带有深深的恋鱼情结。他经常在速写本上不停地画各种鱼的样子，试图找出最优美的鱼的形态和最优美的曲线弧度，仿佛这样的意象才能接近属于他的创意（图5-14）。有一次材料厂商富美家请盖里用新美耐板系列（Color Core）参加设计竞图，在反复思考修改的过程中，他不小心打破了原本

图5-13 美国加利福尼亚州洛杉矶的沃尔特·迪斯尼音乐厅 设计：弗兰克·盖里

图5-14 以鱼为灵感，盖里采用包括金、银、木、玉等材质来表现鱼的不同表情。

设计的灯具，沮丧之余盖里发现不规则的碎片有着特别的美感，于是，叠合碎片为鱼鳞做成了盖里最著名的鱼灯（图5-15）。如图5-16所示的概念汽车，是由弗兰克·盖里和美国麻省理工大学合作设计，用完美的弧面创造了一个脱离传统汽车审美造型的范例。轻薄的蛋壳状有机形态外壳，采用先进的材料能提供高度的可视性与安全性。

图5-15　鱼灯　设计：弗兰克·盖里

图5-16　概念汽车设计：弗兰克·盖里和美国麻省理工大学

训练课题26：仿生产品

· 根据视觉笔记的生物形象资料中提炼意象模型，并结合某种功能设计一个使用产品。

· 模型材料、尺寸不限。

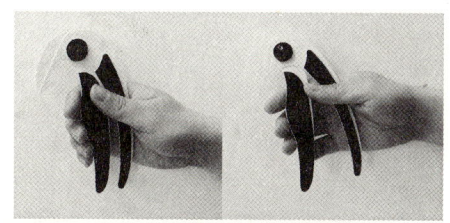

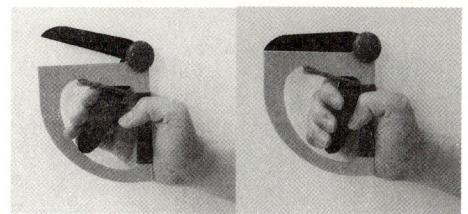

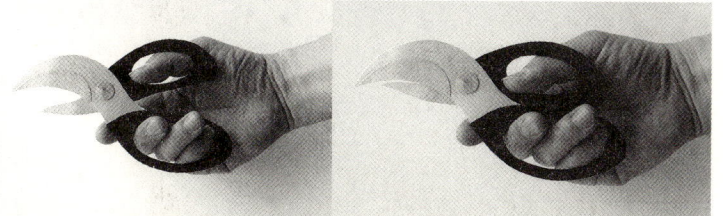

图5-17 仿生剪刀 设计：沈蒙恩、张旗峰、龚丽娟、詹佳辉

注　释：

①［美］鲁道夫·阿恩海姆著，腾守尧、朱疆源译.《艺术与视知觉》.北京：中国社会科学出版社，1984.P5.

②［美］J.R.Anderson. Cognitice Psychology and Impliction. New York: Freeman Publications. 1985, P95.

③［美］R·H·麦金著，王玉秋、吴明泰、于静涛译.《怎样提高发明创造能力》.大连理工大学出版社，1991.P152.

④［美］J.R.Anderson. Cognitice Psychology and Impliction. New York: Freeman Publications. 1985, P91.

⑤《文艺论丛》11辑.《凡·高的书信》.上海文艺出版社.P160.

⑥［美］S·阿瑞提著，钱岗南译.《创造的秘密》.沈阳：辽宁人民出版社，1987.P64.

⑦［美］R·H·麦金著，王玉秋、吴明泰、于静涛译.《怎样提高发明创造能力》.大连理工大学出版社，1991.P155.

第6章
构想视觉化

前面讨论了观察和想象在视觉思维过程中的作用。我们是否认为：意象和想象都有模糊性和短暂性的特点。即使是对同一个对象的观察，内在意象在不同时间和不同的角度会重新建构；想象也不会像放录像那样能原封不动地重放，会不断地变化。所以，要借助思维工具把这些东西记录下来，并在意象、想象和视觉图像中为思维增加动力因素。这个方法就是"构想视觉化"。

构想视觉化是通过徒手画和模型将思维结果呈现出来，所谓"视觉化"就是图解（模型是立体图解）。在此要澄清一个误解：图解需要艺术天赋。其实图解仅仅是一种表达方式，这种表达可以借助艺术手段，而不是依赖。图解与绘画的不同在于，前者是与酝酿构思有关的设想形成过程，后者则是将完整设想同他人交流展示的过程。

图解是视觉的自我对话，而绘画艺术更多的是视觉的对外交流。进一步说，"用图解扩展思维和用图画交流成熟的想法常常容易混淆。图解构想先于图画交流，图解构想有助于发展值得交流的形象方案，因思维流动得很快，所以构想常常是徒手画的，靠印象和快速完成的。由于同他人交流需要表达清楚，所以图画交流需要正式、明确和费时。仅仅强调图画交流而不考虑图解构想的教育，不知不觉地妨碍视觉思维"。①

6.1 图解构想

"构想"，或者说"想法"是思维的结果。请看图6-1，图片上的变色龙本身不是"想法"，而观看这幅图片却能提供许多想象空间，产生不同的想象，"想法是感觉、想象和思维的内在构造物"。②把这种感觉和想象记录下来可以借助文字和图解，而后者能直观地表达出来。因为图解是对人脑思维过程的模拟，是对视觉思维的加工——把复杂的东西简单化、抽象的东西具体化、无形的东西有形化。无论是在理解对象、记忆信息，还是解决问题，图解构想比文字表达有明显的优势。可以通过图形、图像、图表、关键词，把思考过程呈现出来，帮助我们分析、理解、沟通，开辟更多更好的思路。所以说图解是一种视觉思维的工具。

图6-1 变色龙

作为一种思维工具，文艺复兴时代巨匠达·芬奇将其运用得极为出色，现存的5000幅达·芬奇手记生动地展现了大师创造性思维的过程和成果（图6-2）。后人对这些图文并茂的资料一方面被作者丰富的想象力和预见力所折服；另一方面又被手记中图解草稿的模糊性、不确定性迷惑不解。其实这正是创造性思维过程的特征。

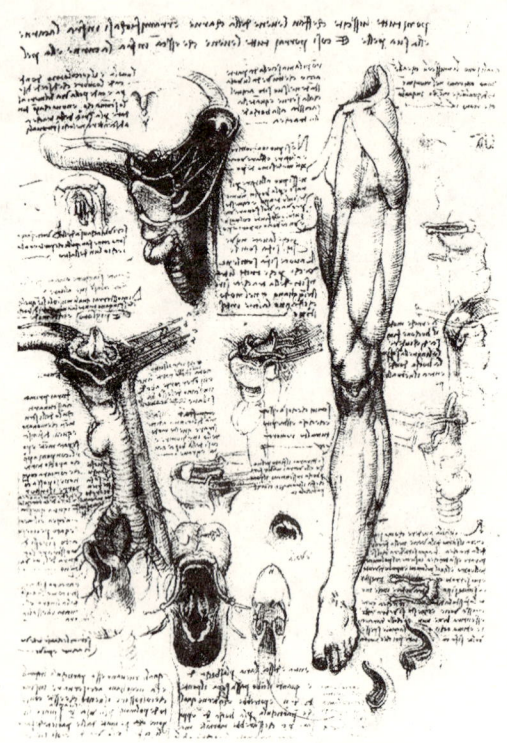

图6-2 达·芬奇手记中的构想图

随着思考者的情感、环境、角度的变化而变化，记录思维过程的图解不断地在刺激思维，从而产生新的联系和成果。不要以为善于形象思维的艺术家对此情有独钟，科学家也是这方面的高手。生物学家达尔文也是采用图解笔记的方式记录、分析和整理物种资料，最终完成了进化论巨著的。

图解构想是一种表达形式、一种工具、一种语言，作用是记录、交流和研究，也记录思维过程和辅助思考。事实上，思考者不断地记录下自己的点滴构思，可以是视觉上的，也可以是只言片语，只要是与思考目标相关联的，不管用什么手段都可以记录下来。草图或者模型在某种程度上都是"凝固"思维成果的过程。笛卡尔早就说过：没有图形就没有思考。斯蒂恩则认为：如果一个特定的问题可以转化为一个图像，那么就整体地把握了问题，并且能创造性地思索问题的解法。所以，一张充满灵感的图解将有力地推动创新思路的发展。图解还将复杂因素转化为概念要素，并以一目了然的方式表达出来。直观的图解形式便于加深理解、增强记忆。与文字传达相同的地方，是图解不需要通过抽象理解等复杂过程就能明白的一种记录方式。归纳起来图解的功能有：

a. 使构想一目了然，促使构想间的联系。

b. 使构想生动灵活。

c. 使构想具有逻辑性。

马尔科姆·克雷格在《看清你的思维图谱》中对图解有进一步的描述："我们的教育制度过分强调了线性思维，除幼儿班外，绝大多数都已放弃了图形思维教育方法。尽管教育制度束缚了我们的思考，但实际上在我们试图了解世界时，大脑中总会形成一种对事件的'可视化'图像，也就是环境感知图（Mental Map），该图的根本之处在于模式，每个人的头脑里都有属于自己的结构化模式，除非以某种方法表现出来，通常情况下它不为外人所知。'心智图'（Mind Map）是表现方式之一。除非图像能够被记录下来，例如画在纸上或白黑板上，否则对头脑中各主题之间的内容和关系，就算形成图像的本人也不能十分肯定。针对这类图形，巴得华（Budwar 1996年）和伊登（Eden 1990年）提出了一个术语——感知图示（Cognitive Mapping）。通过这种方式，我们可以将大脑中所形成的反映真实世界的图像转换成图形。这样，别人就可以'看到'绘图者是如何感知问题和形势的，而绘图者自己甚至也可以通过绘图来发现自己的思想过程。"[③]图6-3、图6-4就是用图解的方式展示思维成果的"感知图示"。

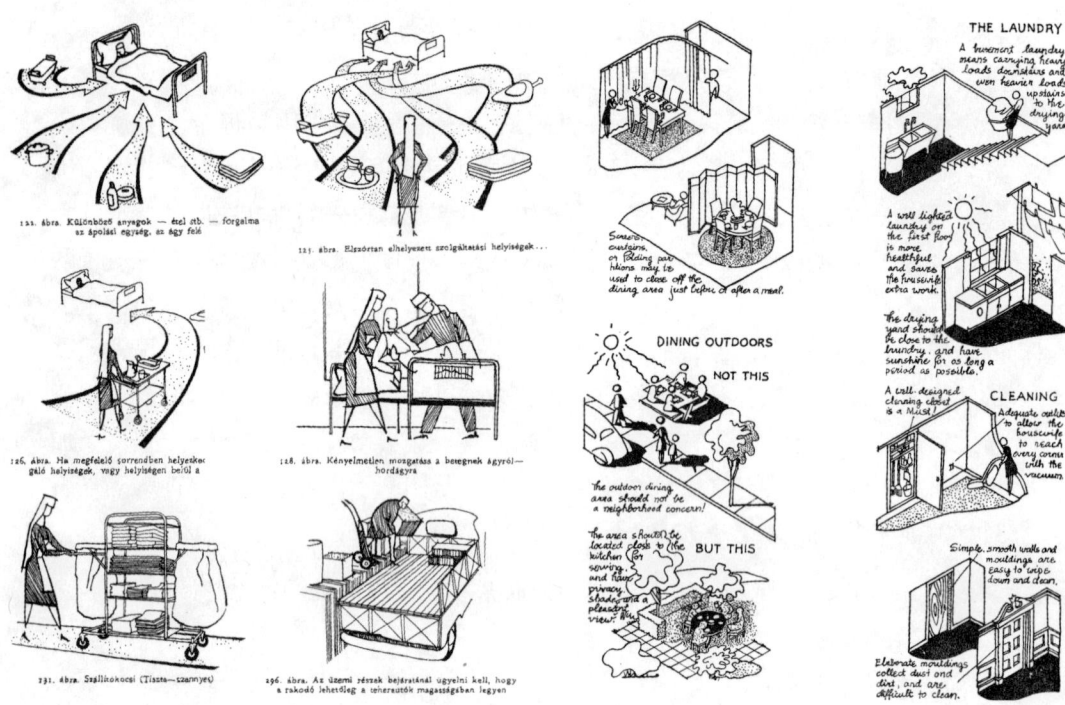

图6-3　医院功能图　　　　　　　　　　　图6-4　家具功能图

训练课题27：人体支撑物

· 瓦楞纸广泛应用在商品的运输包装上，但完成了包装功能随即成了废弃物。本课题以废弃的瓦楞纸箱为材料，设计一个足够支撑起设计者本人重量的构成体。

· 作为纸张的瓦楞纸有其脆弱的一面，也有其坚韧的特性。要充分利用这种材料特性进行结构设计。

· 用眼睛和手充分感受瓦楞纸的特性，再用图解构想的方式研究其构成方式和材料自身的连接方式。

· 不得使用铁钉以及胶粘剂，能自由拆卸，具有美感。

· 图解构想、功能、构造。

· 材料：废弃瓦楞纸包装箱。

· 尺寸：与作者自身尺度相协调。

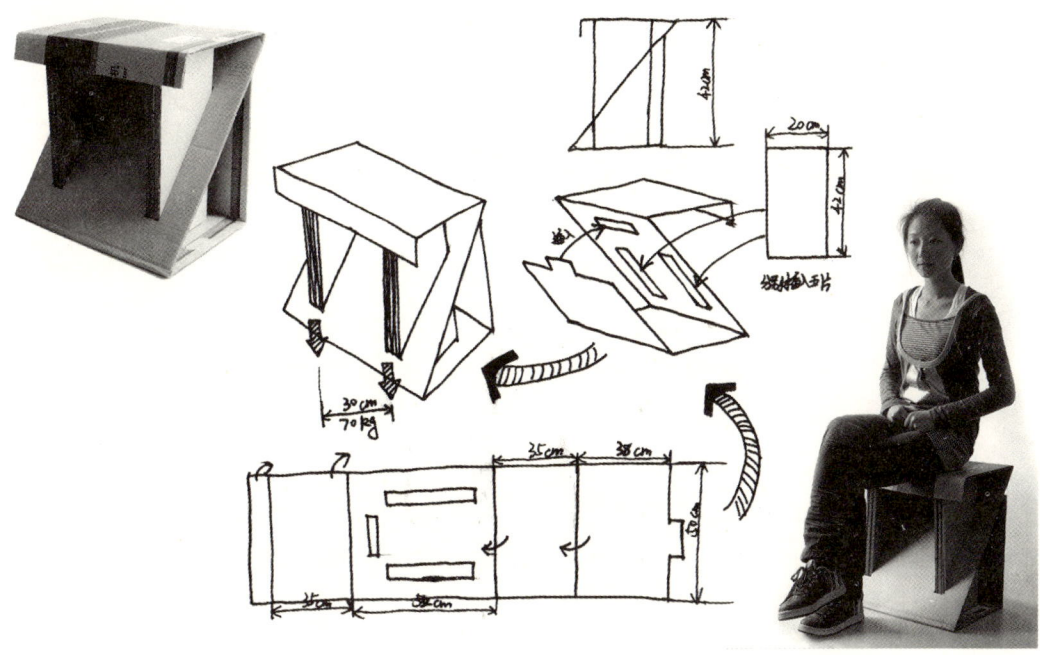

图6-5 利用废弃包装箱制作的坐具 设计：徐周音

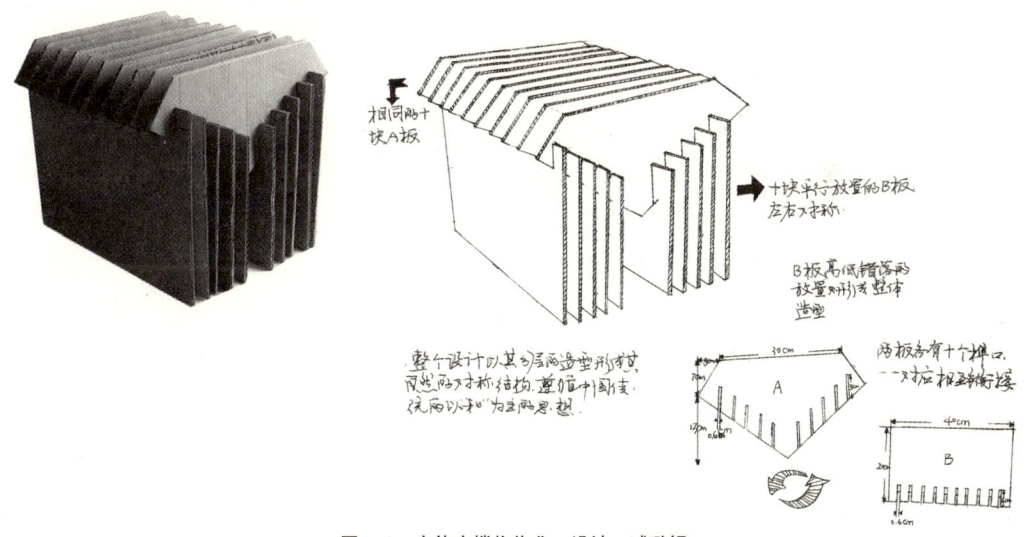

图6-6 人体支撑物作业 设计：臧璐娟

6.2 图解工具

图解是表达和记录思维成果的工具，是对人们潜意识层面信息的反映。"图解不仅有助于使模糊的内部形象聚焦，而且为先进的思维源流提供记录，进一步讲，图解可以起到记忆无法起到的作用，即使最卓越的想象者也不能通过记忆将一些意象并在一起进行对比，而人们却可以对草图加以比较"④因此，图解很适合作为开发思维的工具。

6.2.1 草图

草图是一种常用工具，画家、设计师、导演都是这方面的高手，其实科学家、工程师也常用。本书要讨论的是非专业人员，尤其作为学生怎样借助这个工具来开发思维。草图有一个形象的叫法——徒手画，对应英语词汇——Free Hand。其实在构思草图过程中最令人着迷的是"Free Mind"——思绪飞扬的状态，当人的思维能量真正得到释放，才会产生新的想法。把想法记录下来的"草图"有两种类型：探索型草图和开发型草图，两者分别代表着草图的两端。探索性草图在构思中，用于提出概念，然后不断地选择、界定、比较、重组概念，也称为概念性草图，通过对概念抽象和具体因素的探索，尝试性地画出图形帮助深化概念；开发型草图往往已经有一个成熟的想法，通过草图形式在尺度、构造、功能、与人及空间关系等方面进行各种可行性探讨和发展。如果把构思历程看做是一次航行的话，那么探索型草图犹如船帆，朝向目标，不断调整方向以找到最合理的航行路线。图6-7是建筑大师格雷夫斯研究桌子设计时记录下的各种想法，他认为这种草图（预备性的研究）记录了探索的过程，以某种方式检查了因一种给定意图而引起的问题，可以为日后决定性的工作打下基础。而开发型草图则是锚，在需要的时候暂停下来，等待下一次航行。这个比喻只是为了描述二者的目的有所区别。在两者之间还有许多的过渡方式，任何一个草图都不会是纯粹的两者之一，只是在构思的不同阶段有不同的作用。以"环保袋课题"为例：图6-8的作者在思考一次性塑料袋带来的问题时，运用了视觉思维工具——联想和图解。植物的果子往往是形态诱人、味道甜美，其中的生物学含意是："引诱"动物食用后能把果子内部的种子"携带"到较远的地方生根发芽。作者把"种子"和"购物袋"这两个概念组合成了"种子环保袋"，并用草图把头脑中的概念"视觉化"，这个草图仅仅表达了某种概念、思路，具体的结构、制作工艺、尺寸等因素有待于进一步深化。这类草图称为"探索型"草图。同样的课题，图

6-9则是"开发型"草图。对一个考虑已久的概念，通过草图形式在使用方式、构造、功能等方面的各种可行性"视觉化"，便于进一步的发展和交流。

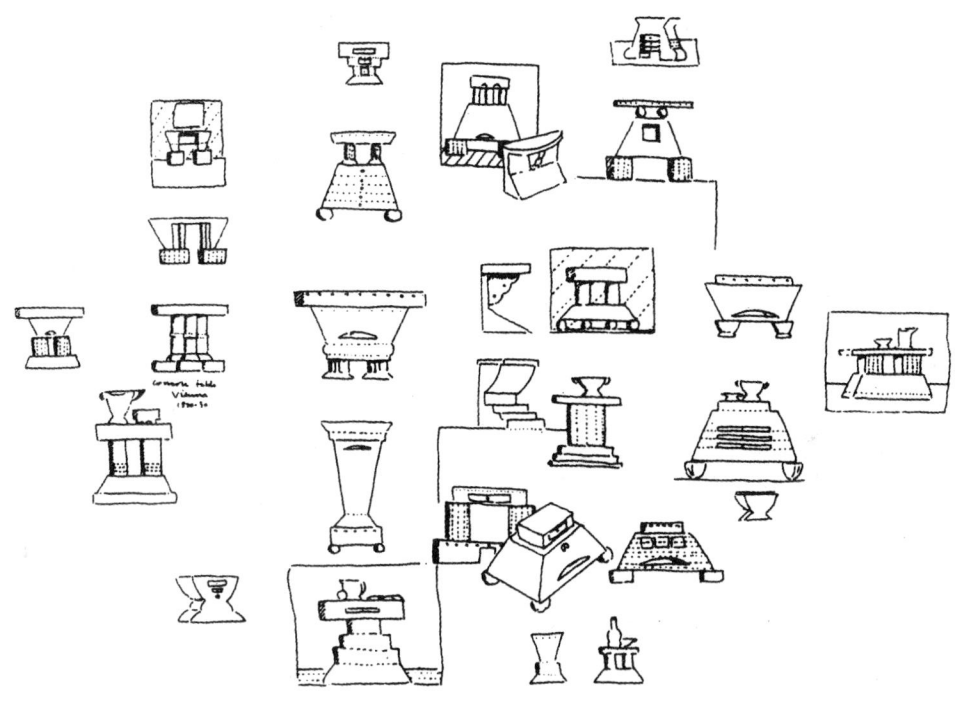

图6-7 桌子设计研究 作者：迈克尔·格雷夫斯

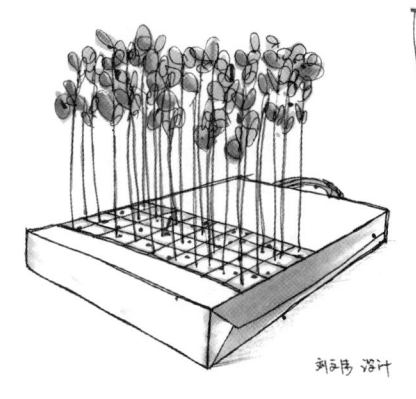

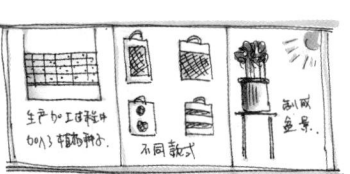

图6-8 种子环保袋 作者：刘文伟

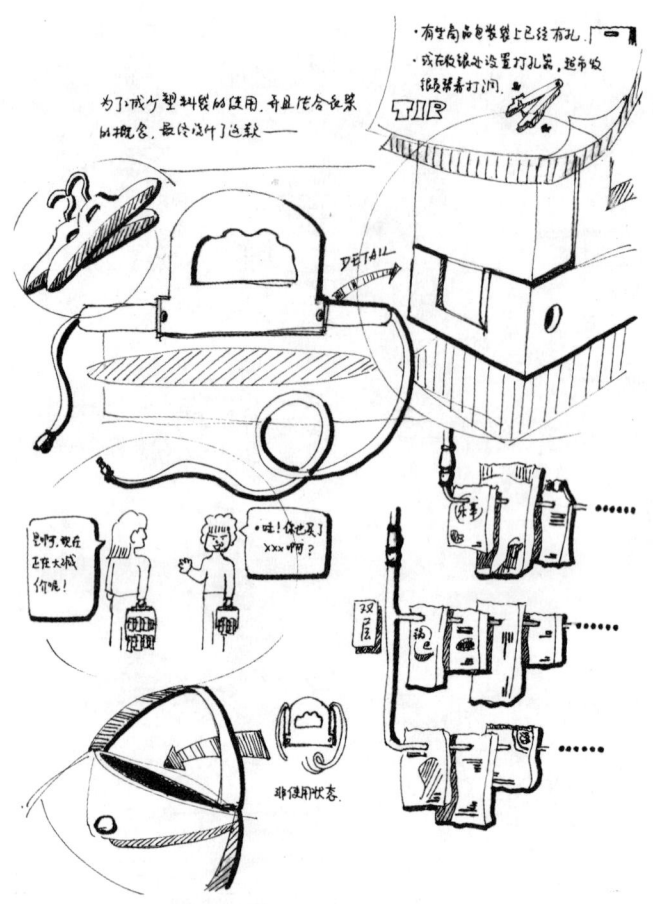

图6-9　隐形环保袋　作者：陈鼎业

6.2.2　流程图

　　流程图用于对事物之间的相互关系和发展过程作可视化图解（图6-10）。每个过程或阶段用图形表示，或称为节点，节点之间相连以示流动方向。下一个节点何去何从，取决于上一步的结果，典型做法是用"是"或"否"的逻辑分支加以判断。流程图可以对事物发展在秩序、时间进度以及相关因素的相互关系进行表达。在构绘流程图时，要确定事物最基本的主次关系及走向，哪些是主要因素？相互关系如何？在流程中应处于一个怎样的顺序关系等，这些因素往往决定图解构想的走向和结果。流程图还可以用来对组织机构的架构作可视化描述和解释。流程图中的每个节点是一个功能区，根据流向关系串在一起。节点通常由一个关键词外加一个圆圈、方框等图形组成。节点本身所传达的含义有限，而把节点连接起来就会产生丰富的意义，这就是作为思维工具的功能所在（图6-11）。

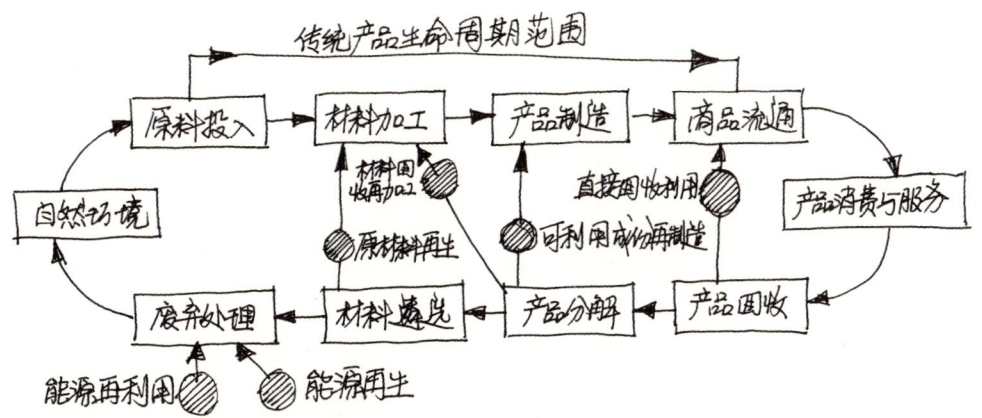

图6-10　绿色产品生命周期与环境关系图

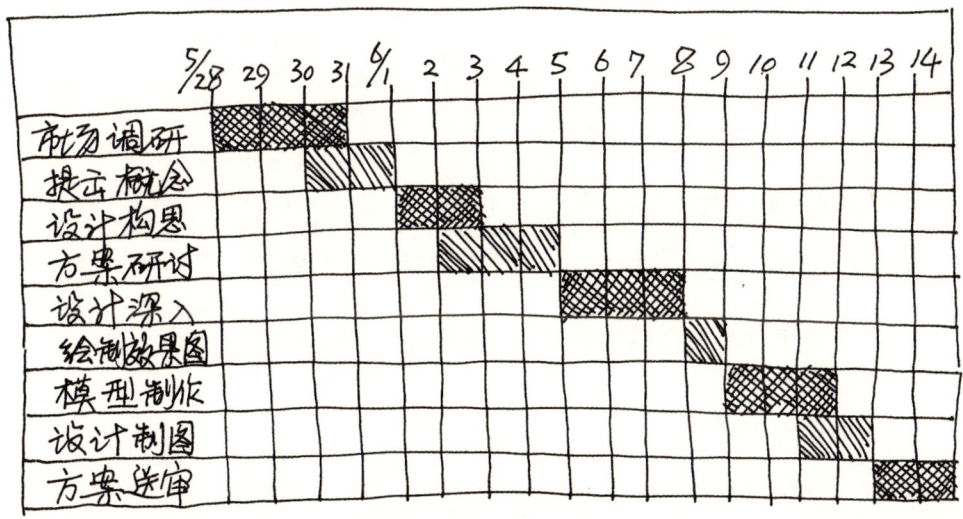

图6-11　产品设计开发时间表

6.2.3　矩阵图

矩阵图主要用于从复杂的问题中找出成对的因素，然后根据图示来分析问题，确定问题的关键点，这是一个综合思考的图解工具。在各种问题中，将相关因素找出来并排列成行和列，其交点就是相关点，在一目了然中找出存在的问题、问题的形态及解决问题的思路。

如图6-12所示的矩阵图，其成对因素往往是要着重分析问题的两个侧面，一个因素的变化往往成为其他因素变化原因，因此需要把所有因素都罗列出来，逐一分析具体现象与具体原因之间的关系，这些具体现象和原因分别构成矩阵图中的行元素和列元素。矩阵图的最大优点在于，寻找对应元素的交点很方便，而且不会遗漏，显示对应元素的关系也很清楚。矩阵图常常用来分析成对的因素、明晰关系、确定重点，以及系统分析。

矩阵图还有一种更为普遍的形式就是图表，通常在时间、空间上表示事物或想法的抽象概念。表达事物的抽象概念时，通过图示便一目了然。我们在构思时，可以借助表格图先纵横分解，后上下交错，开拓思路，激发无限创意（图6-13）。

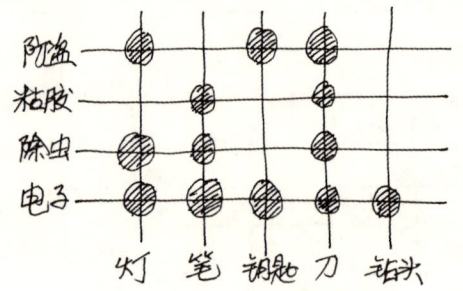

图6-12　搜索新产品概念的矩阵图　　　　图6-13　产品设计矩阵图

6.2.4　坐标图

自从笛卡尔创造了坐标体系，这种图解方式被广泛运用，用于表示事物变化过程中的量变状态。图6-14是把调查问卷资料汇总得出的数据采用坐标图一目了然显示出来。坐标图通常有横轴和纵轴，分别代表一定的参数，把平面分为四个空间，在四个空间中填充相关要素来展现事物状态和发展趋势。图6-15是用户对产品的满意度曲线，纵坐标表示用户满意度，横坐标表示产品的技术水平，该图将产品或服务用三种曲线来描述：基本质量、规范质量和兴趣质量。用箭头表示随着时间的推移，产品或服务的兴趣质量将变成规范质量，规范质量将变成基本质量。

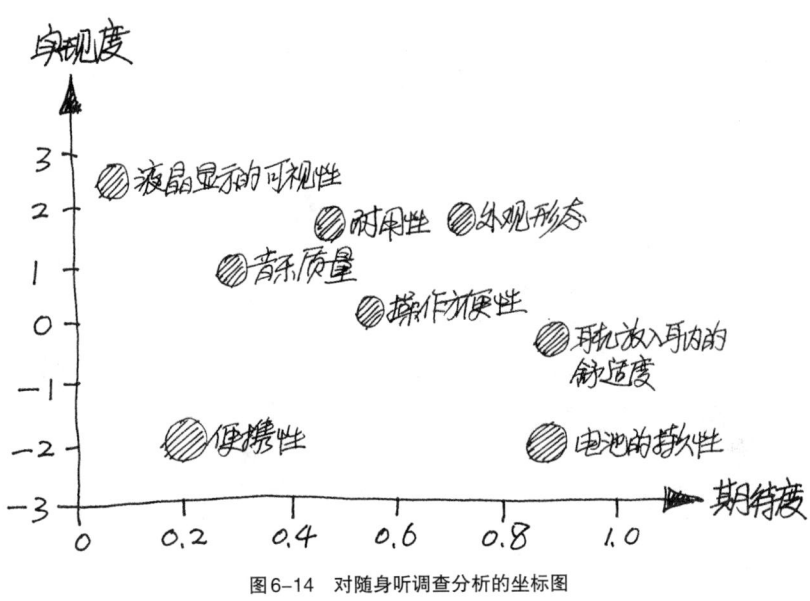

图6-14 对随身听调查分析的坐标图

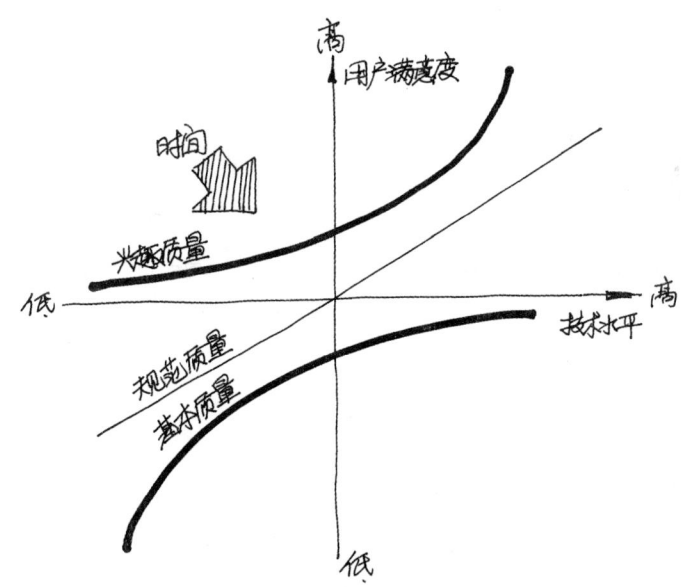

图6-15 用户对产品的满意度曲线坐标图

6.2.5　思维导图

思维导图是由英国心理学家、教育家东尼·伯赞（Tony Buzan）在20世纪60年代初期所创，是一种放射性思考的图解方法。放射性思考是人类大脑的自然思考方式，每一种进入大脑的资料，不论是感觉、记忆或是想法——包括文字、数字、符号、线条、色彩、意象等，都可以成为一个思考中心，并由中心向外发散出成多条分支。每一个分支代表与中心议题的一个连接，而每一个连接又可以成为另一个议题，再向外发散出成更多分支，这些分支连接实际上记录了思维发散的过程就形成一幅"思维地图"，这就是Mind Mapping的由来。思维导图源自脑神经生理的学习互动模式，借助放射性思考和联想，使一个议题的众多方面彼此间产生关联和延伸，引发新的联系。发散图的要点：

a. 将中心主题置于中央位置，整个思维导图将围绕这个中心主题展开；

b. 大脑不要受任何约束，围绕中心主题内容进行思考，画出各个分支，及时记录下瞬间闪现的灵感；

c. 留有适当的空间，以便随时增加内容；

d. 整理各个分支内容，寻找它们之间的关系，并且要善于用连线、颜色、图形等表示。

有关思维导图的详细内容请查阅伯赞的专著，国内已经有很多这方面的出版物可供学习。

图6-16所示的思维导图的议题是"应聘前的准备"。如果明天要去招聘公司面试，今天要作哪些准备？最好的办法就是随手在一张A4纸上作思维发散，分别对如何介绍自己，包括特长、技能、教育背景、家庭成员和不足等方面做思维导图，可以随时添加补充，描绘一个"真实的自己"。由于在自己的脑子里模拟了应聘面试所要回答的问题，第二天就能从容面对。图6-17的议题是"面对灾难"，这种思维练习实际上是作了"未雨绸缪"、"从容面对"的心理准备。下列3个思维导图练习都是在课堂上半小时内完成的作业（图6-16~图6-18）。

6.2.6　模型

前面介绍的图解工具都是平面的，其特点是可以快速表达。而模型则是立体的图解工具，优势在于通过视觉、触觉直接感受材料的特性、色彩、触感，表达内心的想法，并且可以在制作过程中利用"真材实感"进行不断地思考和修改，甚至在不经意中发现新的点子，这在科学发现中也是不乏先例的。

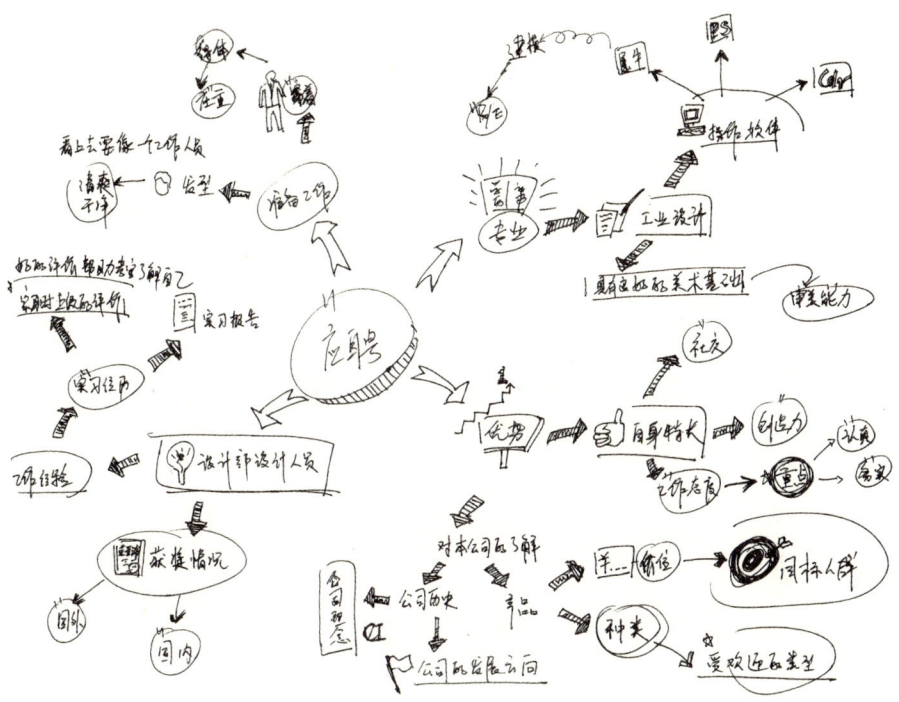

图6-16 "应聘"的思维导图 作者：戎余

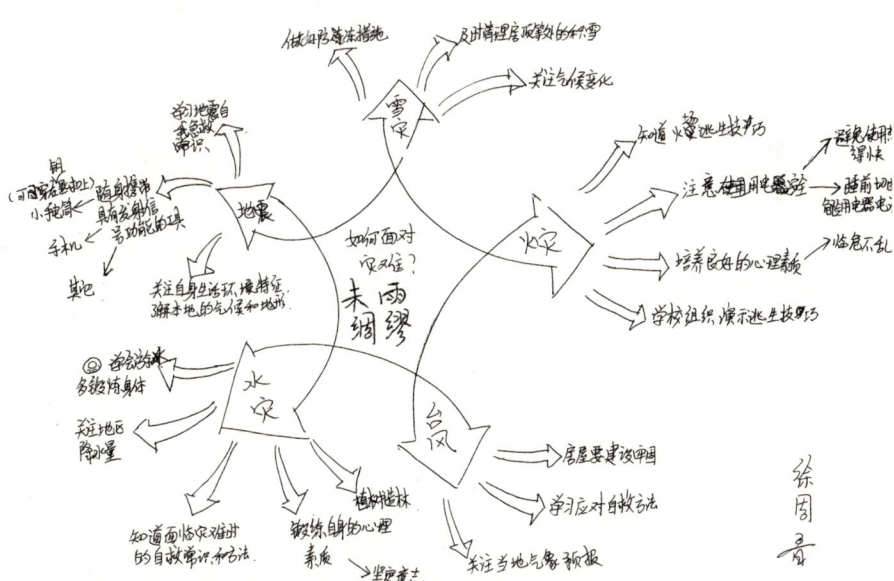

图6-17 "面对灾难"的思维导图 作者：徐周音

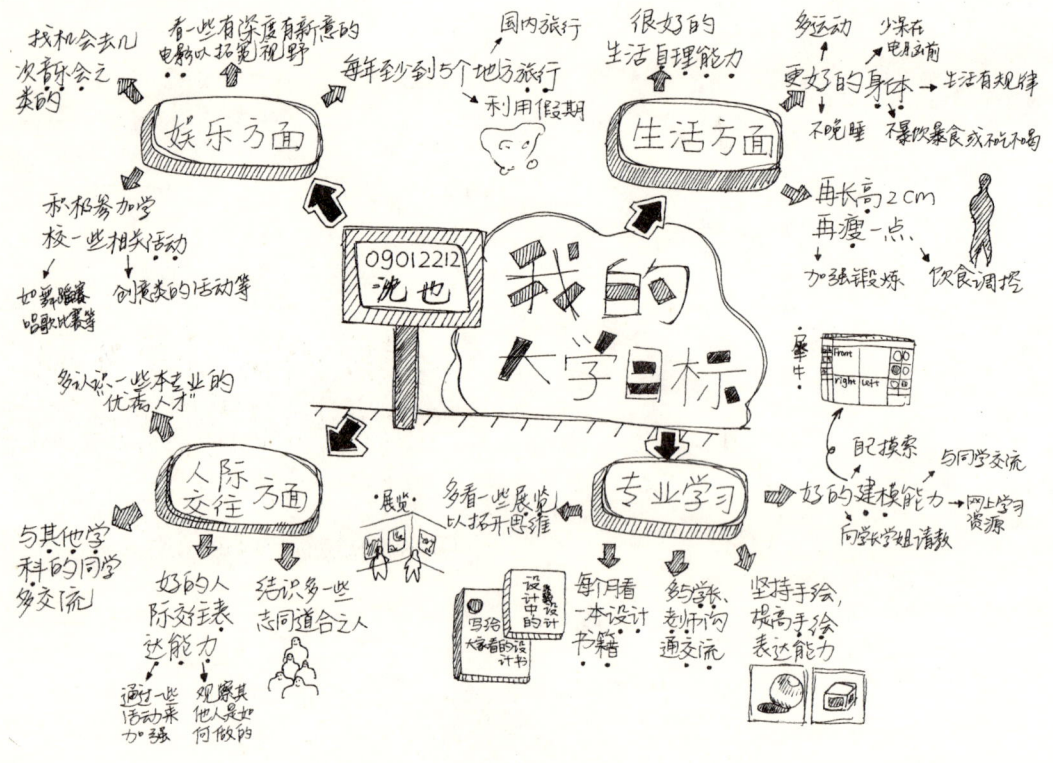

图6-18　我的大学目标　作者：沈也

　　模型的种类有很多，有概念模型、测试模型、工作模型、展示模型等，涉及的材料有木材、石材、塑料、金属、陶瓷等。但作为图解思维的工具主要指概念模型——实际上是一种"立体草图"。借助易加工、成型快的材料，方便反复拆装、修改，来构成简单的形体，帮助为构思者在体量、构造、材质、空间尺度等方面提供直观判断。所用材料通常是纸张、木材、发泡塑料、橡皮泥等，这些材料不需要复杂的机加工，特别适合学生在学校现有条件下进行视觉思维训练。此外，还可以利用乒乓球、饮料瓶、吸管、肥皂等现成物品作为模型构件，运用得当会产生意想不到的效果。寻找这些材料也是视觉思考的过程，前面提到过的课题训练"秀色可餐"，从某种意义上讲是训练发现材料的能力。

　　《天才的13个思维工具》一书中对模型的描述对我们有更多的启发意义："关于模型的最为重要的地方就是能够给制作模型的人对物体和思想完全的控制——或者，反过来，它能够让制作模型的人知道哪里还缺少控制或理解。就像毕加索说过的，'给一个物体制作模型就是占有了这个物体。'所以，当哲学家兼小说家歌德在1780年代访问罗马研究各种古董的时候，他制作了这些古董的模型，'这样才能让它们真正成为我自己的东西'。奥古斯特·罗丹给过去的雕塑制作模型，是为了能够'尽快地把握'它们的基本原理。心理学家荣格在少年不得志的时候开始建造城堡的模型，为了创造'另外一个实践和另外一个世界，……在其中，我能够按照自己的想法成长和安排自己的生活'。对于雕塑家亨利·摩尔来说，制作模型让他在创作上变得无所不能：'我更喜欢可以控制的小的模型，这样你就像上帝一样。'所有这些人都认识到，制作模型能够让我对一门手艺或者一个学科产生无法比拟的理解。给生产商制作汽车设计模型的工程师，给制药厂制作药品模型的生化学家，为人类行为制作理论模型的社会学家，还有制作房子模型的业余人士，他们都取得了要求有长时间的学习和注意细节才能获得的深层次的知识……"

在学校里，模型可以用来掌握各个学科。比如，在数学课上制作模型可以强化对概念的理解。一个学生越早懂得每一个公式都有其物理的表现，以及每一个物理现象都有其数学的模型，那么他就越有进行发明活动的能力。视觉思维可以通过制作模型来提高，因为肌肉感觉和视觉之间有着直接的联系。"在小学、中学甚至大学里，艺术、设计、雕塑、手工、工程、数学和科学教师可以相互协作，为学生创造一种统一的感受，这是以车间里的那些交互活动的类型作为模型的。政治学、历史学和人类学可以通过特殊的方法学习，即通过具象性地、功能性地或者理论性地模拟战争的过程、建筑风格的发展、传统医疗方法的有效性、互相竞争的经济活动的结果，或者宗教仪式的目的。因为制作模型要求作者思考怎样才能产生效果，所以它是一个非常好的学习方法，不论你的年龄有多大。把制作模型当作一辈子的习惯，那么你就得到了一扇打开终生乐趣和知识大门。"[5]图6-19是杭州电子科技大学机械工程学院学生以动物为素材的模型作业。

6.3 图解语法

麦金认为："图解是设想的加工厂，它不供应原材料，也不销售产品，是表达、检验、循环、反馈。"[6]任何语言都有构成元素，如英语由26个字母构成，汉字由横竖撇捺笔画构成。图解语言是由线条、圆圈、箭头等语汇组成。

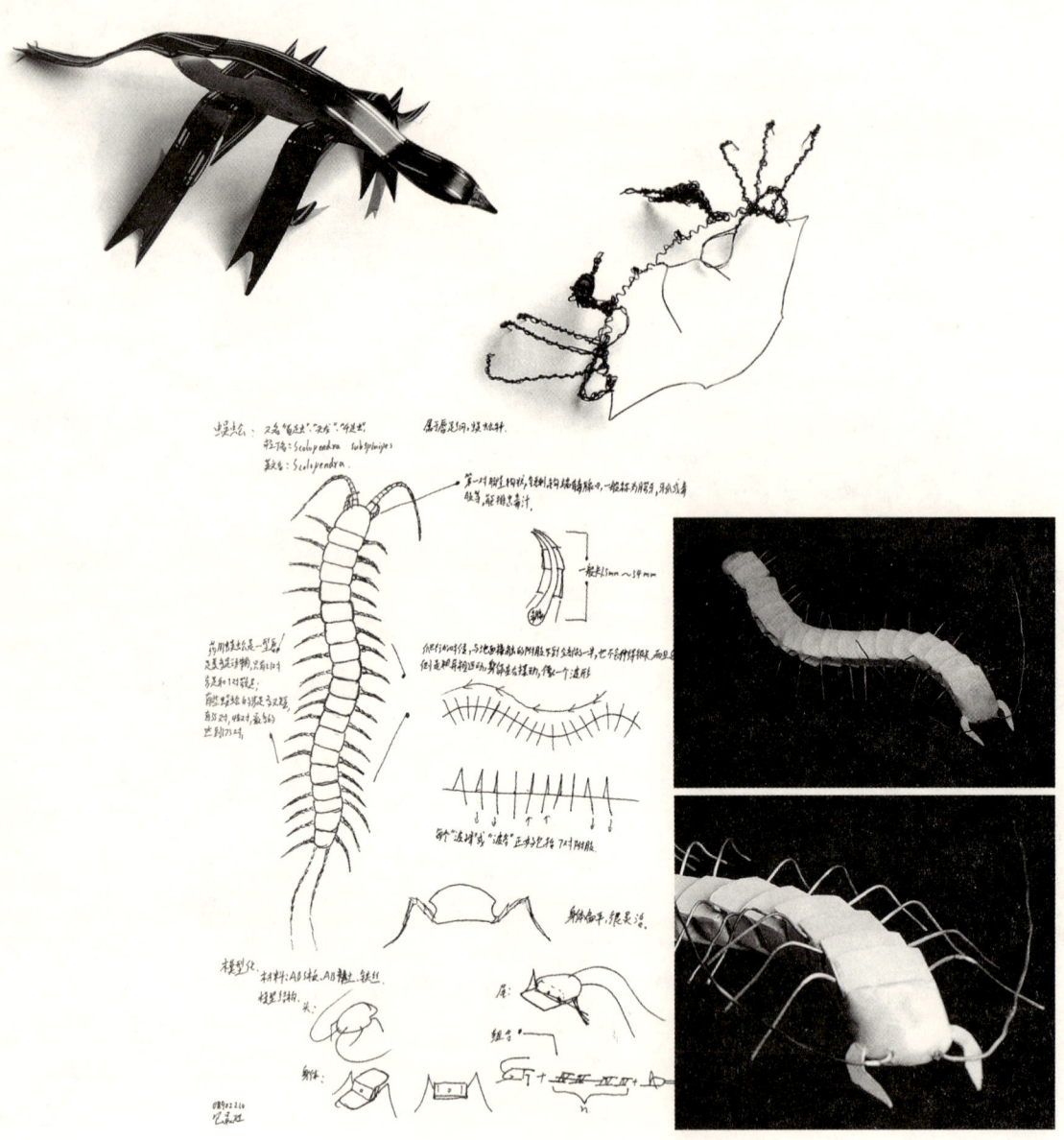

图6-19　蜥蜴　材料：包装带　设计：吴劲伟
　　　　螃蟹　材料：金属丝　设计：李健
　　　　蜈蚣　材料：ABS塑料板　设计：包晨烜

6.3.1 关系

独立——相对独立的两个事物之间的关系，或者是事物内部不同性质的几个侧面，如图6-20所示。

对等——事物之间具有相同性质和权重的关系，如图6-21所示。

对立——事物之间存在对立抵触的关系，如图6-22所示。

从属——一个或多个事物从属于另一事物的关系，如图6-23所示。

因果——事物之间同时互存和异时互存的关系，如图6-24所示。

循环——事物之间互为依存、转换的关系，如图6-25所示。

重叠——事物之间有重合或相同性质的关系，如图6-26所示。

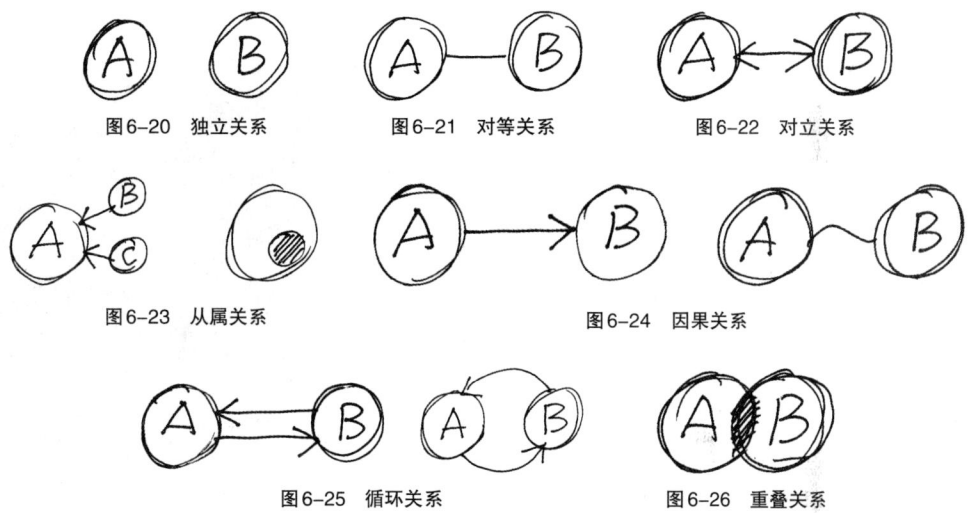

图6-20 独立关系　　　图6-21 对等关系　　　图6-22 对立关系

图6-23 从属关系　　　　　图6-24 因果关系

图6-25 循环关系　　　　　图6-26 重叠关系

6.3.2 结构

直线型——用于表达事物之间的构成要素或相互关系，也可以表达事物之间的顺序或因果关系，如图6-27所示。

树状型——用于表达事物的系统特征、组织结构、演化过程和递进关系，如图6-28所示。

梯度型——用于表达事物的等级关系、发展层次及未来趋势，如图6-29所示。

放射型——用于表达事物发展、变化趋势及层次关系，如图6-30所示。

多面型——用于表达事物内部各种性质及事物之间的相互关系，如图6-31所示。

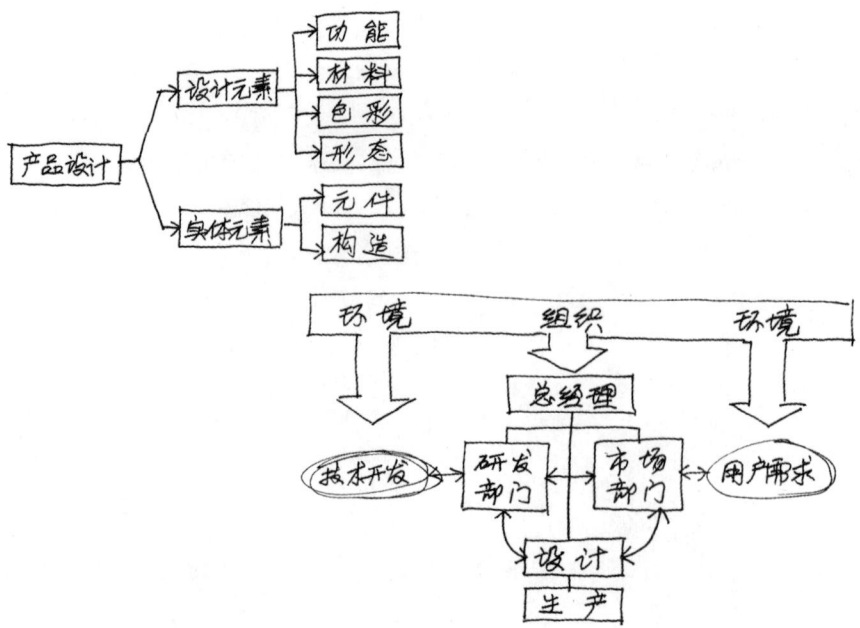

图6-27 直线型结构

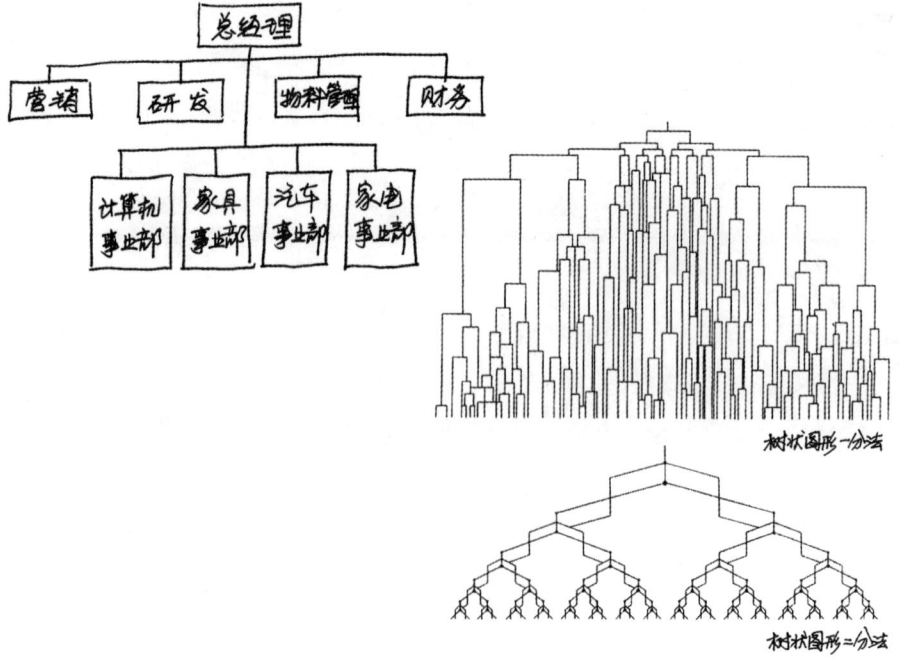

图6-28 树状型结构

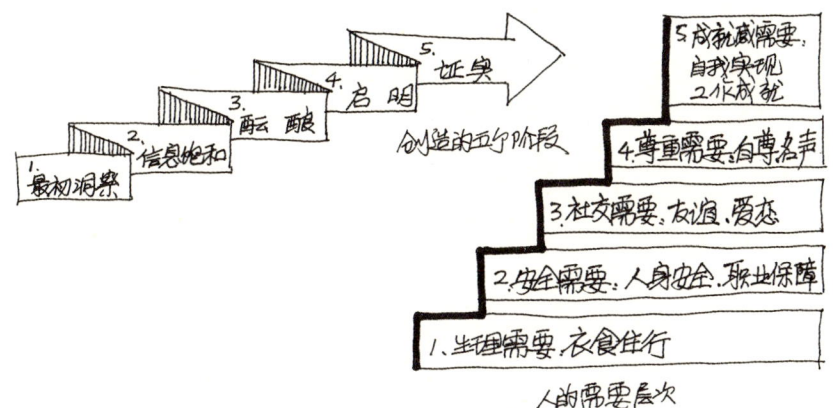

图6-29 梯度型结构

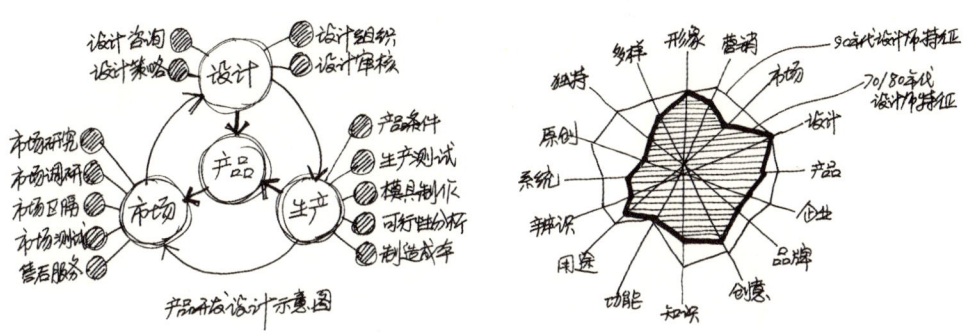

图6-30 放射型结构

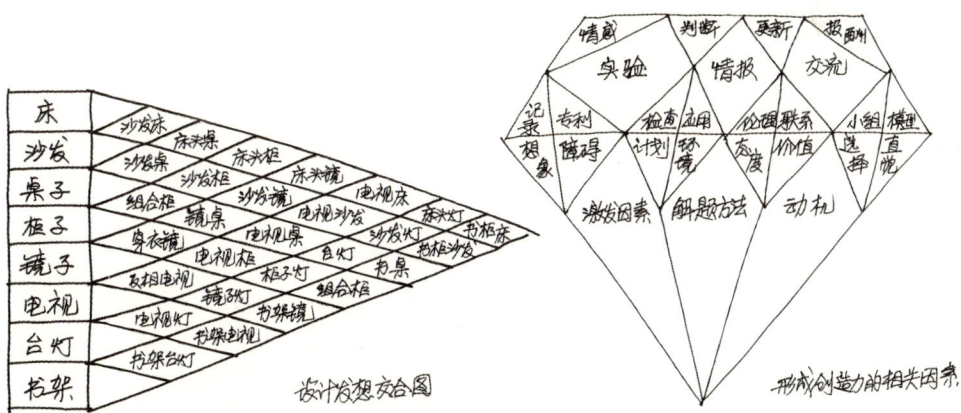

图6-31 多面型结构

6.3.3 语汇

图解语汇可分为"概念性图形"和"比喻性图形"两种类型。概念性图形包括点线面、箭头和几何形（图6-32）；比喻性图形包括常见事物的典型形象，如灯泡、梯子、骰子、路标等（图6-33）。

图6-32 概念性图形   图6-33 比喻性图形

概念性图形的语意：

笔直的实线——表示事物之间线性、顺序、直接的关系；

弯曲的实线——表示重新回到源头的循环过程的关系；

虚线——表示不确定或有疑问的关系；

箭头——表示流程、因果关系和物体运动的方向；

双箭头——表示事物之间等价的双向影响；

大箭头——表示物体动作的转换；

矩形——表示客观的、可测量的、明确的陈述；

椭圆形——表示主观陈述和涉及人的。

训练课题28：图解"架构"

• 家谱·图书馆·医疗机构·我的公司

训练课题29：图解"概念"

• 时间·中西差异·未来构想·低碳生活·物联网

训练课题30：图解"程序"

• 新生报到·网上购物·公共自行车租用·考驾照

训练课题31：图解"想法"

• 一个奇思妙想·我的创业计划·给学校的提案

训练课题32：图解"空间"

• 我的寝室·校园·家乡·旅游指南

训练课题33：图解"关系"

• 人与自然·人际关系·中美关系

训练课题34：图解"构造"

• 学生宿舍床·鼠标·书包·人体

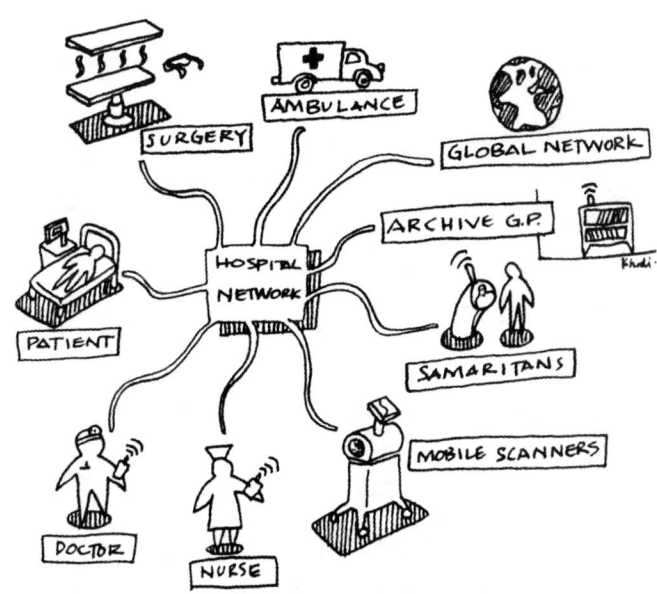

图6-34　未来医疗构想图　作者：飞利浦

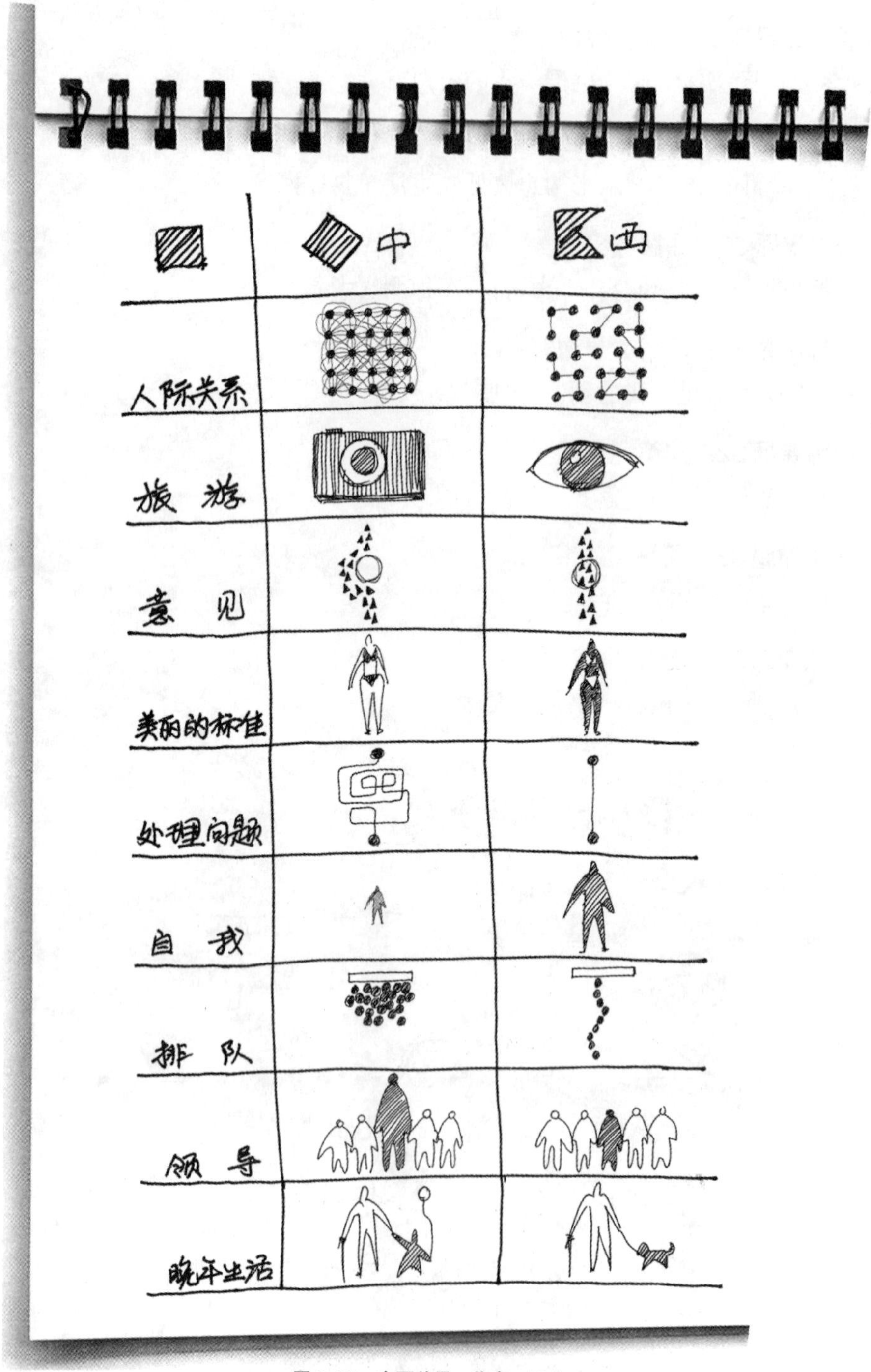

图6-35　中西差异　作者：王立

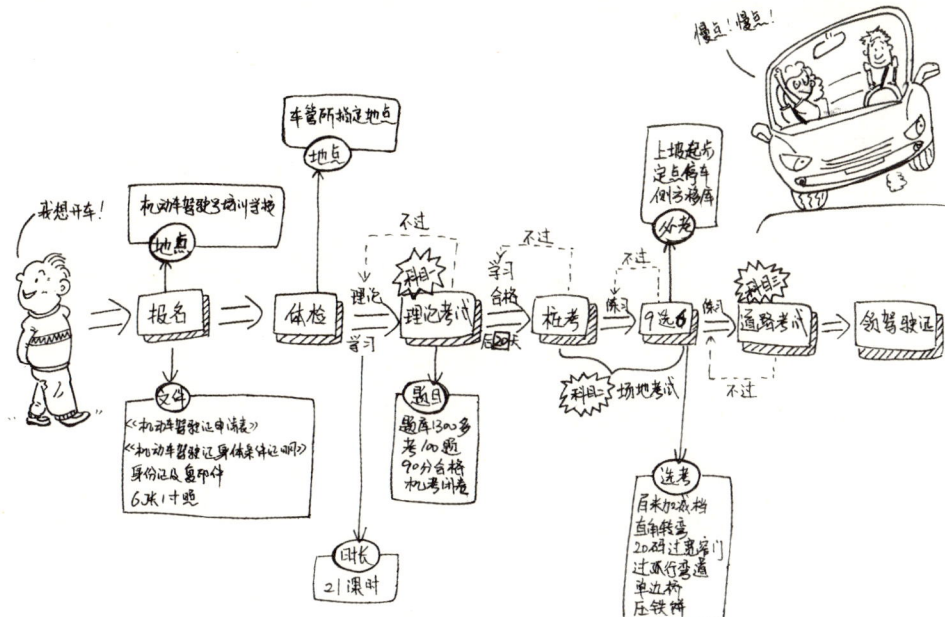

图6-36　考驾照　作者：王莹

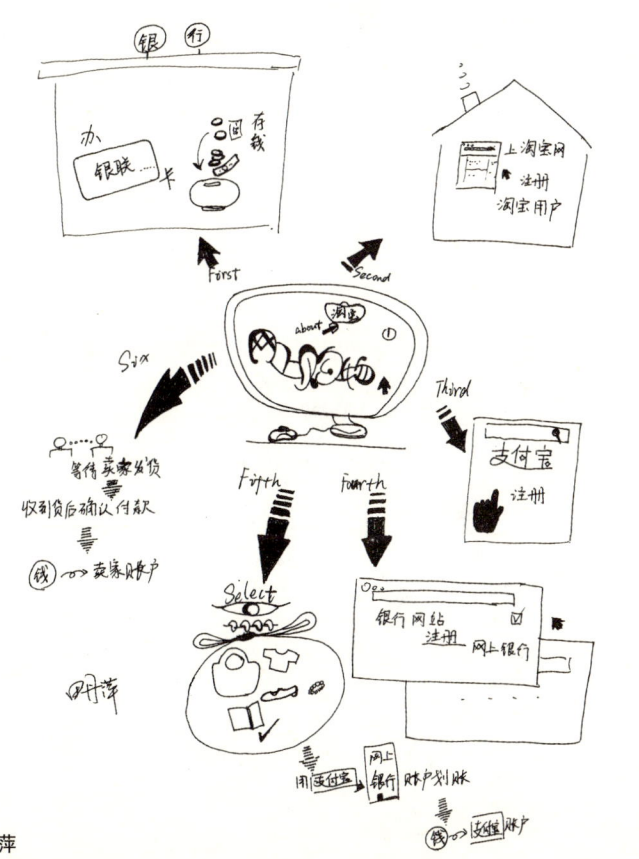

图6-37　网上购物　作者：田丹萍

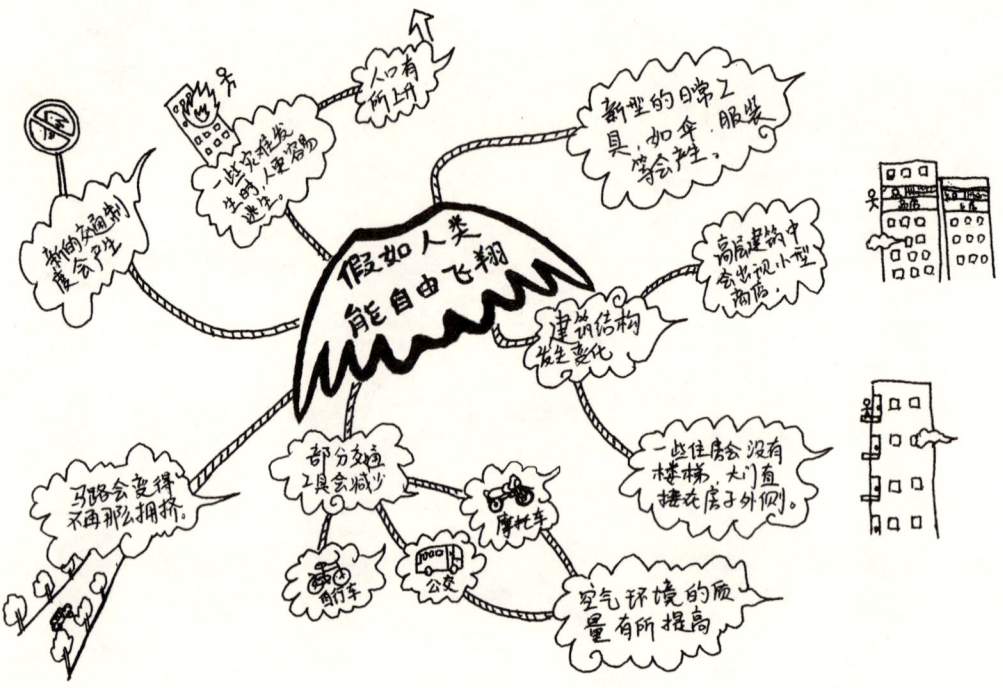

图6-38 奇思妙想 作者：张超峰

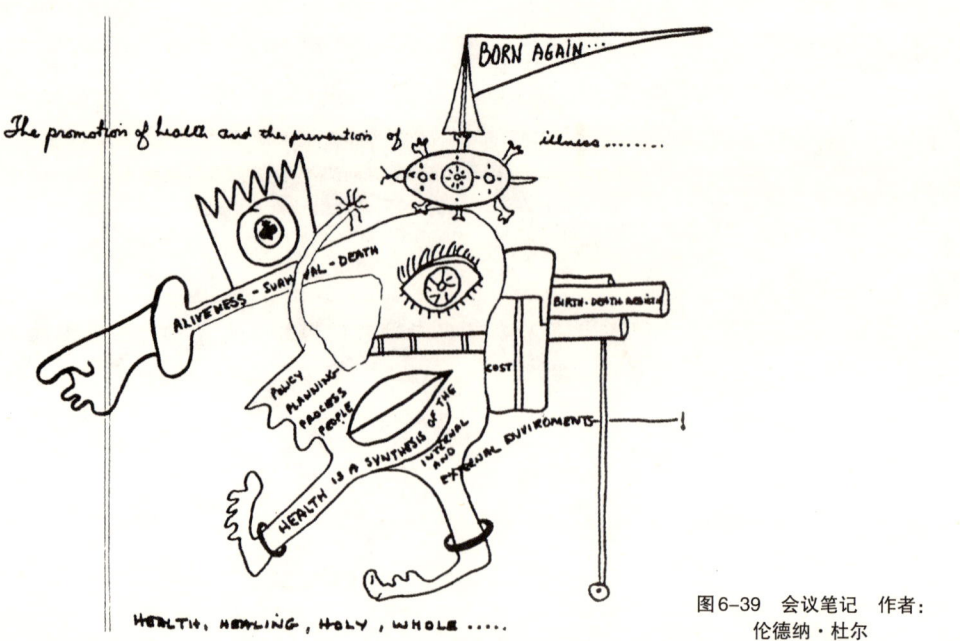

图6-39 会议笔记 作者：
伦德纳·杜尔

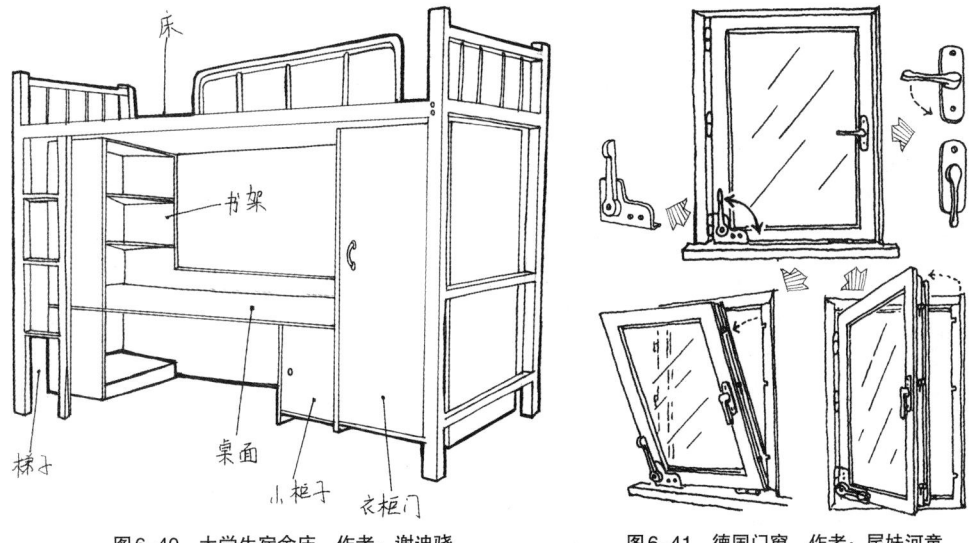

图6-40 大学生宿舍床 作者：谢迪骁　　　　图6-41 德国门窗 作者：尾妹河童

6.4 图解评价

日本学者久恒启一在《图形思考》中认为："图解是一种将思考构造化之后，再加以注视的方法。它类似一种经验，好比我们在视野不佳的杂草丛林中，攀登上小山丘后，视野突然变得一片辽阔。所以得先将繁琐的细节项目搁置一旁，获得本质之后，再以大胆创造的态度投入其中。"[7]由于每个人的思考方式不同，图解语言也会因人而异。那么怎样评价一张图解的好还是不好？换个角度说，怎样提高图解的质量？图解评价体现在以下三个方面：

a. 一目了然

用图形语言表达心中的想法是对人脑思考过程的模拟，也是对大脑思维的加工过程。所以，好的图解应该是"思考的全景图"：比文字传达更直截了当、形象生动，能把握问题的重点。

b. 有效传递信息

通过借助形象化的图形语言，以及要素的位置、方向、大小来表达关系，传达方式丰富而清晰。所以，好的图解能把复杂的东西简单化、平面的东西立体化、无形的东西形象化。

图6-42 一次性购物袋的思维导图 作者：田一禾

c. 表达思路生动流畅

图形语言从某种层面上是对潜意识的一种投射，用语言文字表达思想和情绪会有防御心理，而用图形语言会有意无意地把真实的自己展现出来。所以，好的图解最显著的特点是自然流畅，而无模棱两可的东西。

训练课题35：环保袋

中国官方宣布：从2008年6月1日起，禁止生产、销售和使用不能降解的塑料袋。一次性塑料袋的使用确实给生活带来了很多便利，但这种"便利"严重地污染了环境。官方发出这个禁令后，怎样化解由此带来的"不方便"，怎么解决这个问题，并提出设计方案？

• 从生活的各个侧面来观察一次性塑料袋到底带来哪些方便。

• 如果没有一次性塑料袋，会带来哪些不方便？把种种"不方便"列出对应的需求陈述。

• 从需求陈述中寻找设计思路，完善设计方案，并用视觉形式表达出来。

图6-43 时装购物袋设想图和模型 设计：田一禾

注　释：

①［美］R·H·麦金著，王玉秋、吴明泰、于静涛译.《怎样提高发明创造能力》.大连理工大学出版社，1991: P20.

②［美］R·H·麦金著，王玉秋、吴明泰、于静涛译.《怎样提高发明创造能力》.大连理工大学出版社，1991: P212.

③［英］马尔科姆·克雷格著，程云琦译.《看清你的思维图谱》.北京：机械工业出版社，2003: P12.

④［美］R·H·麦金著，王玉秋、吴明泰、于静涛译.《怎样提高发明创造能力》.大连理工大学出版社，1991: P19.

⑤［美］罗伯特·鲁特·伯恩斯坦、米切尔·鲁特·伯恩斯坦著，李国庆译.《天才的13个思维工具》.海南出版社，2001: P279-297.

⑥［美］R·H·麦金著，王玉秋、吴明泰、于静涛译.《怎样提高发明创造能力》.大连理工大学出版社，1991: P215.

⑦［日］久恒启一著，郑雅云译.《图形思考》.汕头大学出版社，2003: P26.

第7章
感知力引导创造

　　麦金在"创造性思维训练"课程中，从提高"观看"、"想象"和"构绘"三种能力的协调发展入手，使其在视知觉过程中相互作用，训练学生有效地将三种相关的视觉活动和谐地统一起来。

7.1 三种能力的相互作用

视觉思维借助于三种视觉意象：一是人们看到的意象；二是用心灵之窗所想象的；三是随手构绘的东西。虽然视觉思维可能出现在观看、想象、构绘的过程中，而经验丰富的视觉思维者却能灵活地使三者相互作用。如图7-1所示就是麦金所述的三者关系，"交互重叠的圆圈用来表示不同的相互作用关系。在观看和构绘的重叠处，观看促进构绘，构绘反过来鼓励观看。在构绘和想象的重叠处，构绘激励和表达想象，想象为构绘提供动力和内容。在想象和观看的重叠处，想象指导和过滤观看到的东西，反过来观看又为想象提供素材。当观看、想象和构绘之间发生强烈的相互作用时，三个圆圈的重叠标志着视觉思维进行得极为充分。"[①]

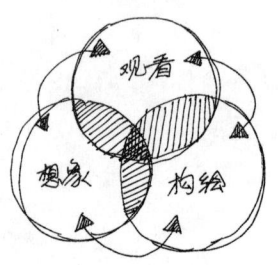

图7-1 观看、想象、构绘关系图

观看、想象和构绘在视觉思维中是一个交替进行、不断变化的过程，是从一种意象转向另一种意象。当我们从多种角度观察一个问题时，其实是在寻找解决问题的方法和路径。譬如对某一事物已经有了直观上的理解，在深入了解过程中就不需要依靠以往的记忆，只需要在直觉的引导下对事物的各个侧面画几个草图进行比较，这对全面认识事物也许来得更直接。所以说，在感性的、内在的和图示意象之间不断地进行交流，是发现问题和解决问题的一种手段。

以"生动的曲面"课题为例：曲面造型在人造物的设计制造中运用极其广泛，优美的曲面给人以无限的遐想，在飞机、火车、汽车等现代高科技产品中的曲面设计更能体现出"力"和"速度"的特征。人们创造这些形态的灵感往往来之于自然界各种生物的启发。不一定是具体的某一种生物，是多种意象的综合运用。如果要我们重新设计一种更优美的曲面也许会有无从下手的感觉，这个课题将借助一张纸来尝试曲面创新设计。在设计过程中运用存在头脑中的各种意象，以及在对纸的加工过程中的形态变化给自己的启发，体验感性的、内在的和图解的意象（模型实物）之间的互相作用。

训练课题36：生动的曲面

• 准备一张规定尺寸的纸圈：210×210（外）、130×130（内）（图7-2）。注意：不要试图通过"预想"来获得解决方案，而要边观察边试作判断。

• 注重直觉判断能力，在动手做的同时探索造型的可能性。

• 先用普通纸随意试做10个草稿，在有意无意中探索造型的可行性。

• 对10个草稿进行逐个评估和选择，选择其中2个能充分展示纸材的自然特性，曲面舒展、富有生命力度的造型，并对其修改提炼，用规定的卡纸制作正稿。

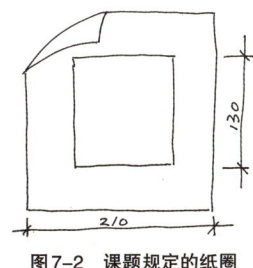

图7-2 课题规定的纸圈

• 材料：卡纸、8寸纸盘、白乳胶。

• 工具：剪刀、美工刀、透明胶带等。

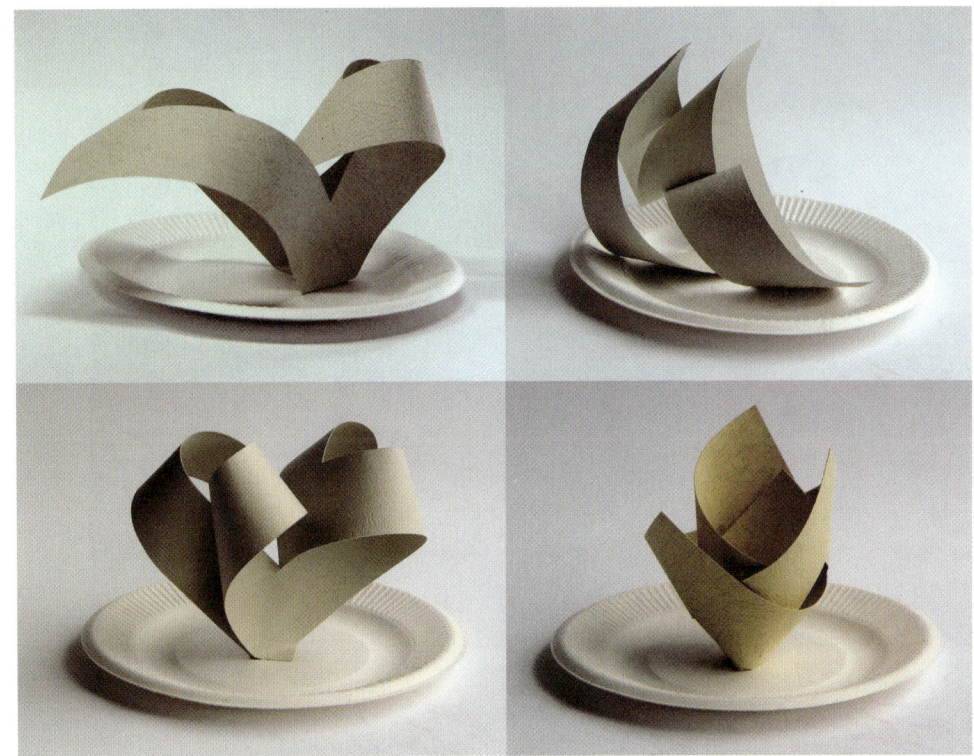

图7-3 生动的曲面 设计：潘丽丹、陈丹丹、林文霞、李荣豹

训练课题37：逆风行驶

· 设计并制造一辆能迎风行驶的车子。

· 以20W电风扇提供的风力作为车子前进的动力（"车子"在距离电风扇2米处起步），车子本身不能有任何形式的电力或引力提供动力。

· 至少能逆风行驶1.5米距离。

· 尽可能用"视觉上新颖"的材料制作。

· 现场展示作品并演示。

· 尺寸：控制在300×300×300范围内。

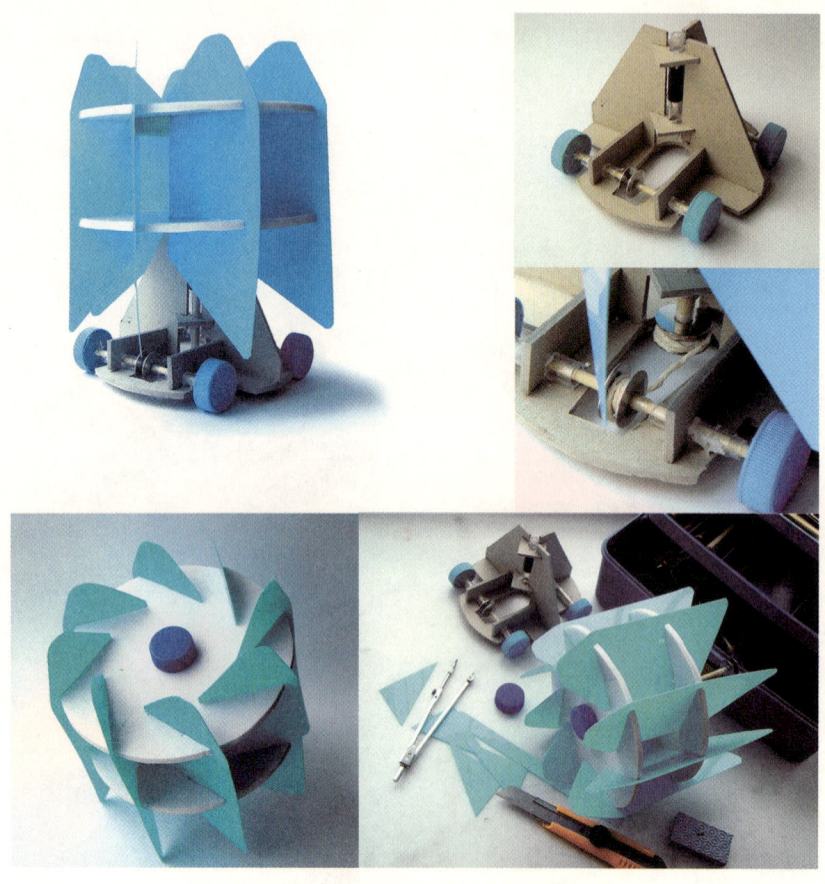

图7-4　逆风行驶　设计：殷孙峰
逆风行驶车材料：模型板、KT板、塑料瓶盖、棉线等

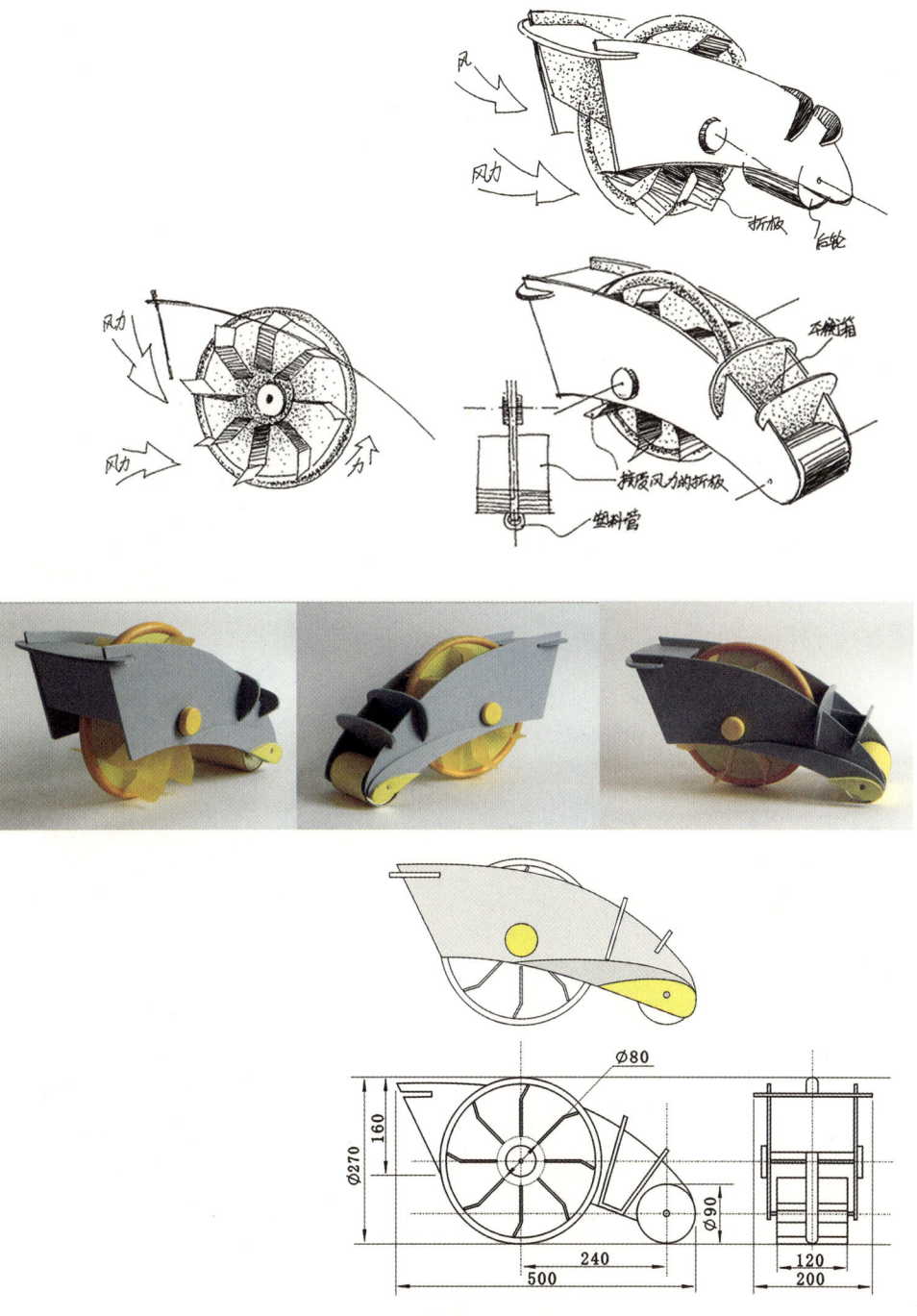

图7-5　逆风行驶　设计：吴立立

　　本课题是"弹力驱动"，要求设计并制作一个弹力驱动的装置。小组成员经过多次讨论后决定采用钢卷尺的弹性作为驱动力。动力问题确定之后还要考虑小车的造型、材料、构造、色彩等因素，这些因素是相互联系和影响的——驱动方式和形体构造相联系、材料和造型关系紧密，造型又要和驱动方式相协调（图7-6）。模型的设计制作过程就是视觉思维、判断、选择的过程。该方案最初的草模虽然达到了课题的基本要求，但造型上缺乏与功能相关的动感因素，其构造也有些松松垮垮的感觉，不够结实。发现了不足以后，小组成员对模型进行深入研

究，找到了一张变色龙的图片作为造型参考（图6-1），并对其进行抽象变形，使形态具备一种机智、敏捷的神韵。卷尺的安装与机架作了整体设计，这个构造设计的特点是在基本功能不变的情况下，通过改变层面板来变换造型。模型设计到这一步，就具备了开发成一种新型玩具产品的雏形。

草模

训练课题38：弹力驱动

· 设计并制作一个依靠弹力驱动的装置。

· 选择弹性材料作驱动力，不能使用电力驱动，至少能移动1米距离。

· 尽可能采用"视觉上新颖"的材料制造。

图7-6　弹力驱动　设计：陈韵、张建芬、田丹萍、李回能
材料：钢卷尺、KT板、塑料地板、塑料线圈等

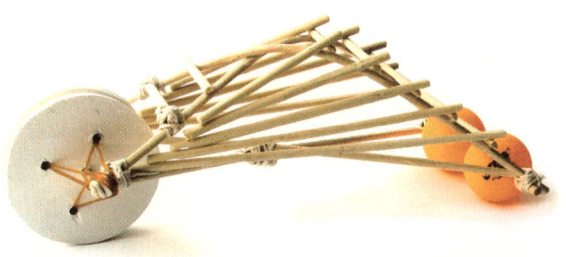

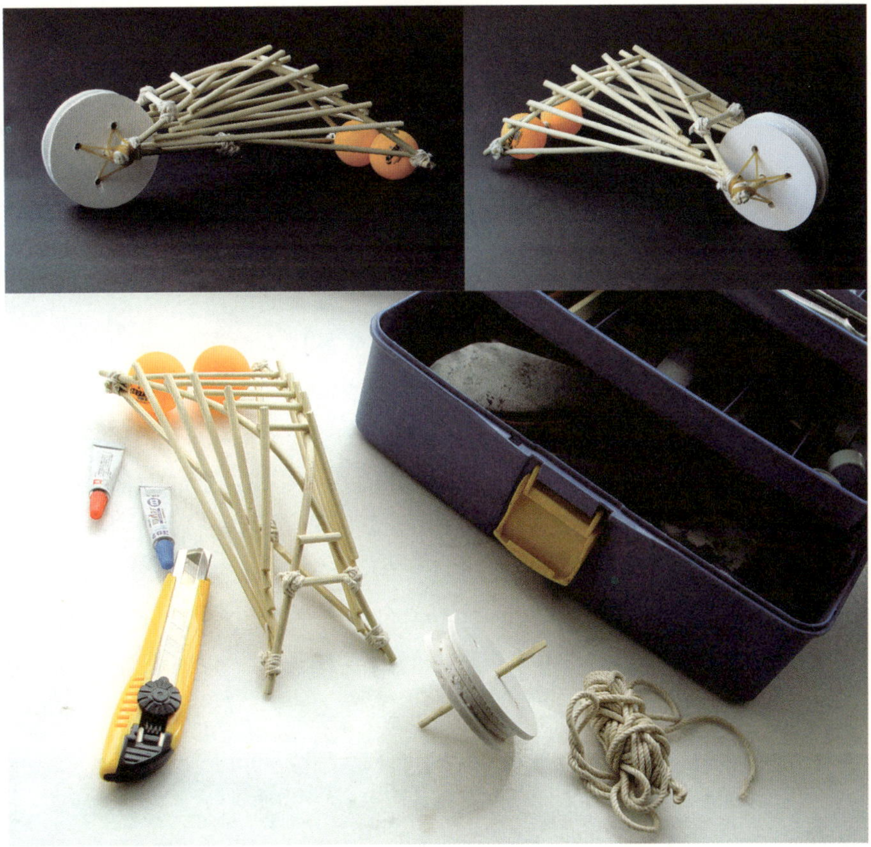

图7-7　弹力驱动　设计：田冬月、夏彩丽、颜煦、王晓燕、刘玥
材料：一次性竹筷、模型板、丈绳、橡皮筋、乒乓球等

• 注意不要使自己的思维固定于某一模式中。

• 必须使用条件许可的材料与加工手段来设计制作，注意材料、造型、色彩、功能和机构设计之间的关系。

- 现场展示作品并演示。
- 尺寸：控制在300×300×300范围内。

7.2　视觉化思考

美国的小学有一门"Show and Tell"的课程，其内容是学习表达，将看到的东西用画画来表现，提高小学生的创新能力。这是一种"视觉化思考"的课程教育，培养观察、想象和表达三者的综合运用能力。

谷歌在公司内部设置了两块大型白板供员工随意绘制自己的想法。白板上写着"掌握世界的谷歌计划"，让员工走过时随意画上草图或干脆就是涂鸦。谷歌公司的主打产品Gmail和新闻服务方案就是从白板上的涂鸦中发展起来的。

视觉化思考作为一种创新工具，把观察到的东西用视觉化的方式表达可以刺激右脑，进入创意模式，可以让尚未清晰的思路用视觉化的方式展开，有利于把握核心、发现线索。把看到的东西画出来，是把复杂的东西简单化、把模糊的东西清晰起来的过程。达·芬奇、伽利略、爱迪生的伟大发明都是从小时候的涂鸦开始的，直到今天视觉化思考方法还是创新的法宝。

下面是两个"视觉化思考"的教学案例。

2009年、2010年暑假，由意大利米兰理工大学教授弗朗西斯科·佐罗（Francesco·Zurlo）和亚历山大·德塞迪（Alessandro Deserti）在杭州主持创意设计营（Workshop）②活动。分别为杭州两家企业提出产品创新设计方案（电器开关和五金工具）。在设计营两周时间里，40余名学生在主持教授的指导下，一步步从海阔天空的感觉世界逐步引申出具体的创意概念（图7-8、图7-9）。

图7-8　视觉化的语言沟通

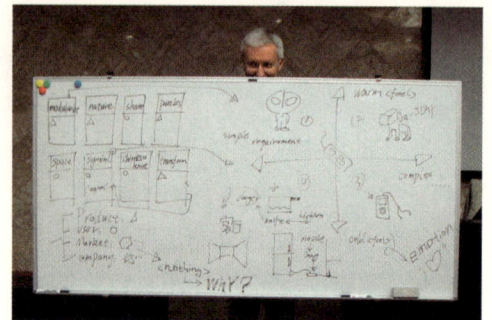

图7-9　用视觉化语言表达创意概念

　　佐罗的教学方法是启发学生"视觉化思考"，从设计团队建设、项目调研、概念提出、草图到最终的方案确定都在引导学生进行视觉想象。以"Bule Sky"（蓝图调研）为起点，要求学生从文学作品、电影、时尚杂志等媒体中寻找"感觉"，强调从人类多元文化、社会生活的各个侧面及发展趋势中发现"新的视角"。设计步骤体现在"观察、联想、传达"三者基础之上，并通过设计制作7张版面（7个步骤）贯穿整个创意过程（图7-10），最后，每个设计团队通过图片图表、思维导图、故事构建、徒手画、效果图等一系列视觉化表达方式，向设计营师生、企业代表作创意设计陈述。下面介绍的是佐罗视觉化思考教学的7个步骤。

　　第一步：研究步骤（Research Step）

　　目的：为项目研究定义核心问题和重点议题。

　　提示：在每个区域选用两至三张有代表性的图片。

　　• 项目初期创建一个良好的工作团队；

　　• 创造一个Mood（气氛、情绪、情感）需要作好搜集杂志和图片的准备，它们将被用在Mood Board（情景版）上，防止不相关、不合适以及不必要的图像被使用；

　　• 目的不是填满整个版面，而是去发现适合并且有用的图像。

　　第二步：思维导图（Mind Map）

　　目的：展现项目研究的思路、灵感和联想。

　　提示：自由自在地表达，没有任何的固定拘束，要非常清晰地表现项目的核心内容。

　　• 将客户行为、生活方式的内容以及样本搜集起来，选择出典型的材质、色彩、形态和物件，这些资料都将传达出设想产品的外观信息；

　　• 将搜集到的东西放置或粘贴在一个板上，当想法有所发展，随之进行项目的增添或者移除；

　　• 当进行实际的设计工作时，将Mood Board放在一个突出的位置，以便随时看到并进行处理；

　　• 要尽量注重样本的整体秩序，每个样本的大小应当反映用户的相关内容；

　　• 进行基于客户的分析研究、人类学研究、行为学分析、跨文化比较等；

　　• 文化探究：可以使用便签、照片或者草图的方式去描述具体的环境。目的

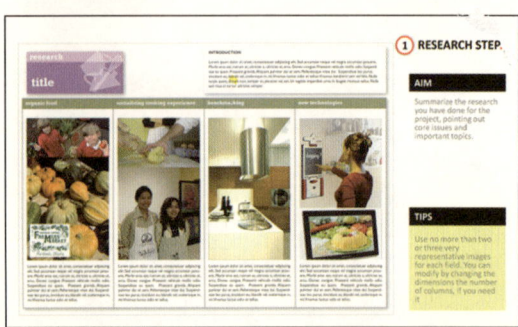

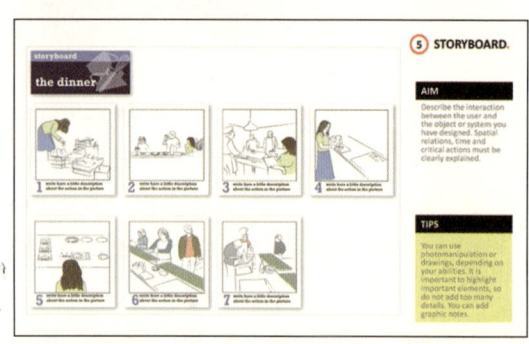

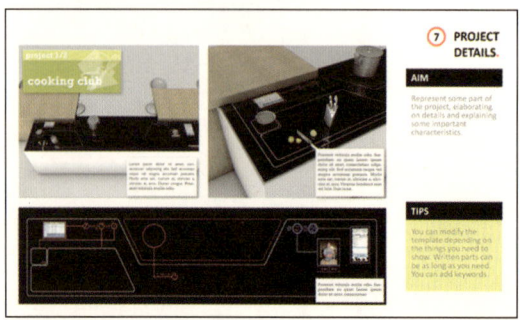

图7-10 佐罗的7步图

在于提供人、产品以及空间环境之间关系。这是非常有用的方法，可直观显示产品、地点、位置等关键要素。

第三步：样式采集（Styleboad）

目的：描述一个有代表性的用户，探索他每天的生活，目的是为了获取项目初期的关键内容。

提示：挑选具有代表性且分辨率高的照片，也可以写上一些关键词。不要过于笼统，想象用户是一个真实的人，有具体的兴趣和特点。

• 行为分析列表或者代表一个过程中详细的各项任务、行为、对象、表演以及互动；

• 这是一个非常有用的方法，能够识别和区分访谈的利益相关者，并且可以对于需要解决的问题进行分析。

第四步：概念描述（Concept Description）

目的：描述设想的主要特点，不需要对项目的深入计划。

提示：描述要非常清晰，进行图像合成，使用关键图像和草图（重点是产品）。如需要更多的色彩作解释的话，可以使用多张图。

第五步：故事版（Storyboard）

目的：描述用户和所设计的产品（或者系统）之间的互动。时间、空间和关键行为必须阐释清楚。

提示：脚本构建是一个非常有用的工具，它可以引导设计师从研究阶段走向综合阶段。请仔细阅读第一步所作的核心问题，思考和修正项目最初的设想。

第六步：项目展示（Project）

目的：用一张效果图综合展示项目成果。

第七步：细节说明（Project Details）

目的：对项目的重要细节作出说明和展示。

提示：可以根据需要来展示，包括关键词及语言阐释。[3]

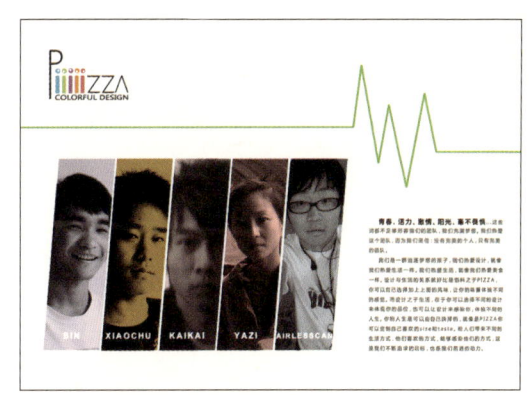

图7-11　以"pizza"为名的设计团队

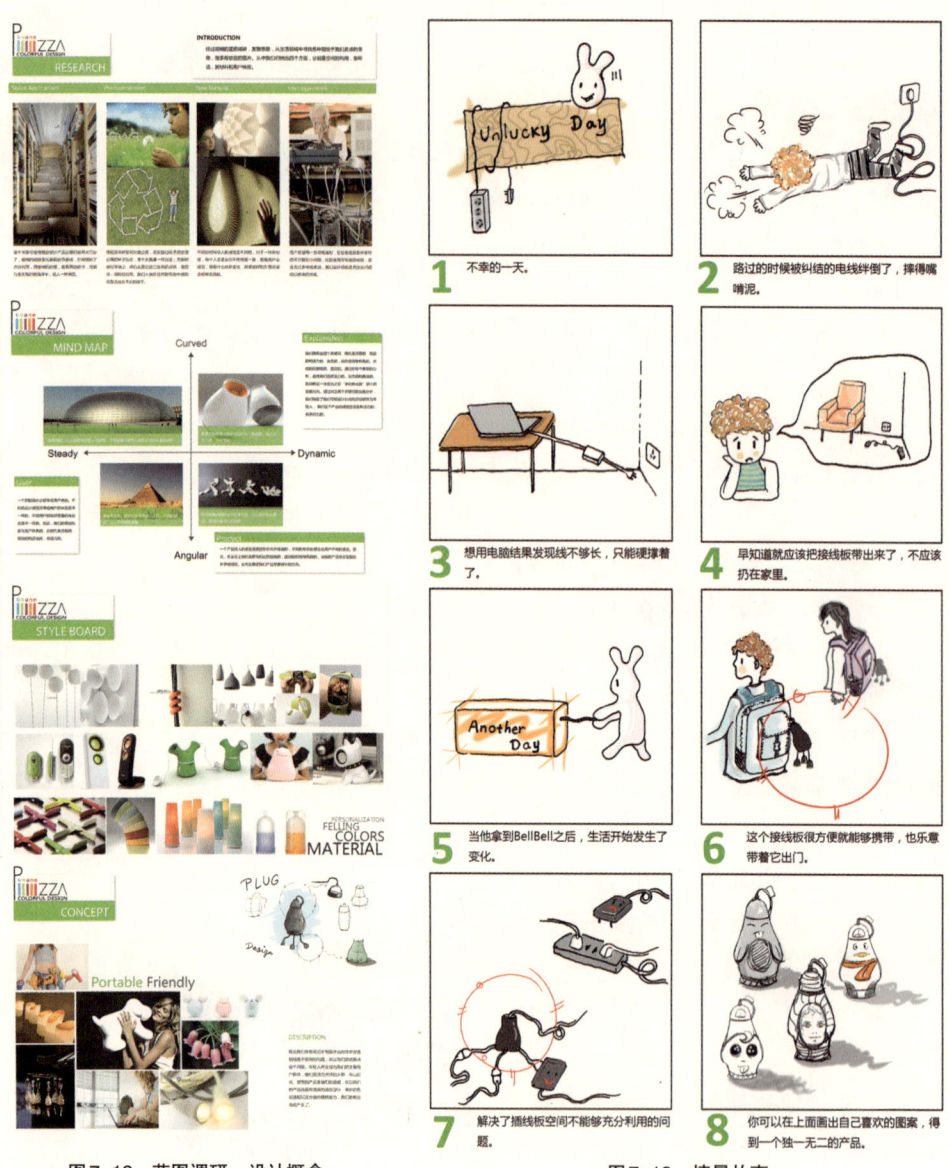

图7-12　蓝图调研、设计概念

图7-13　情景故事

BELL BELL
笔记本电脑多位转换器

"BellBell" 是为时尚青年设计的便捷的笔记本专用多位转换器。解决了笔记本电脑外出电源插口不够用及其现有的插座不易携带的问题。设计灵感来自绳子和童年时代的铃铛，提炼其造型元素，在携带过程中，下面3个分开的插座的晃动给人年轻，活力，动感的感觉。整体造型采用圆润的风格，时尚，又具有亲和力，深受广大大学生的青睐。

结构说明

插头

螺旋绕线轴

环形卡扣槽

卡扣

集线盒

内部绕线结构

电源插孔

为了能够更方便携带，内部采用绕线结构，通过一个螺旋导轨结构将顶部插头的线绕在内部。

个性化 DIY

还可以推出白橡产品，让用户可以个性化DIY,画上自己喜欢的图案。

HONYAR

图7-14　设计作品：BELL 笔记本电脑多位转换器
设计团队成员：褚志华、陈文彬、王贤凯、盛龙剑、徐周音
设计指导：Prof. Francesco · Zurlo、Dr. Alberto Manzoni、钱晓波博士
制造商：杭州鸿雁电器有限公司
专利号：ZL 200930152305.4

　　亚历山大·德塞迪教授在工具创新设计营上，运用了众多张图表来诠释他的产品体系。

　　如果把设计放在社会经济环境中来考察，设计观念可以描述为由"实体中心"（指传统的产品造型设计）到"实体外围"的发展过程，这就是"产品体系"（图7-15）。这个体系把复杂的物质与非物质因素全部结合在一起，并成为企业发展的新战略。产品体系是当今设计的主题，所涉及物质和非物质的因素包括：产品造型、情感因素、功能、传播、服务和销售场地的展示等内容（图7-16）。

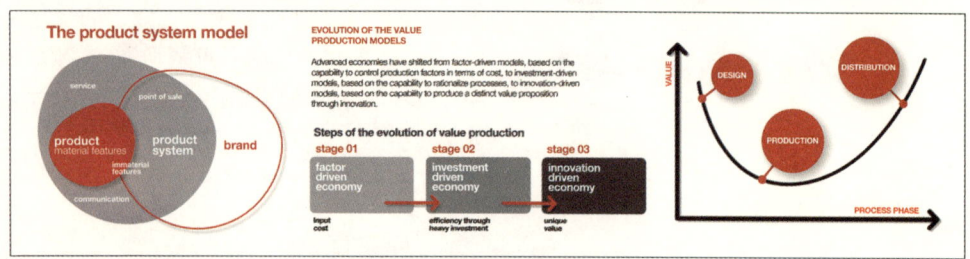

图7-15　产品服务体系模型

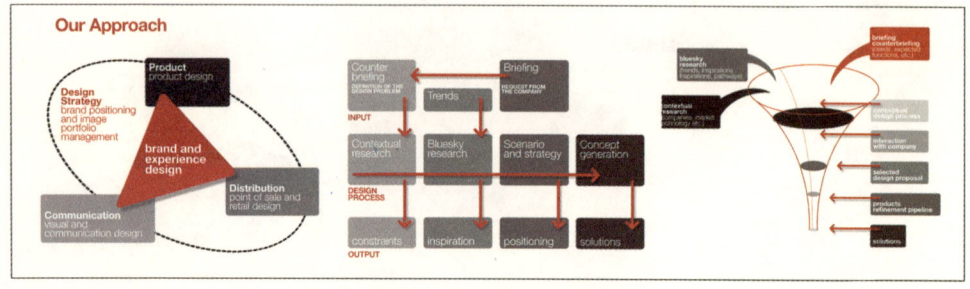

图7-16　产品服务体系内容

　　这个体系引发了深层次的变革：设计被引入企业的日常运营中，不再是作为一种技术（为达到更好的产品技术表现），也不是一种审美原则（为了更好的造型表现），甚至在观念上也不是形式与功能的关系。企业引入设计，更像是一种企业文化的变革，而不仅仅是解决实际的技术问题。在技术创新和市场竞争中，设计变得更为重要（图7-17）。④

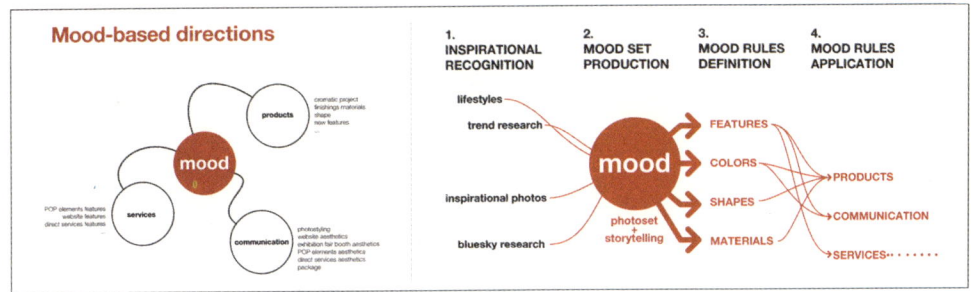

图7-17 产品服务体系下的设计方向

　　五金工具的创新设计包含两个方面：功能创新和概念创新。前者需要设计者对工具有深刻的理解和一定时间的使用经验；而概念设计却可以借助于概念所涉及的"可能性"进行各种组合。如把"五金工具"加上"奢侈"、"女性"、"可持续"等不同的概念（图7-18），就能派生出许多不同的产品概念，如"豪华礼品工具套装"、"女性工具"、"绿色工具"等。亚历山大·德塞迪教授通过视觉化思考的教学手段，引导学生进行概念开发，共有9个团队从4个概念中各自选定一个作深入设计，最终用版面展示设计成果（图7-19~图7-23）。

图7-18 五金工具设计概念

图7-19　设计营学生在企业作产品调研

图7-20　设计概念的陈述

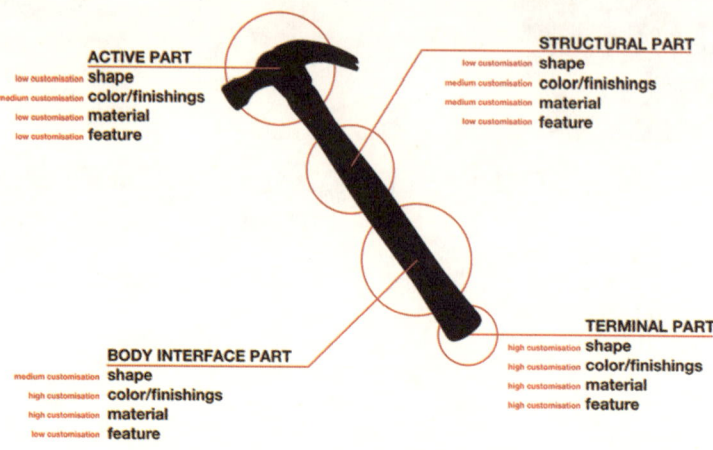

图7-21　工具设计概念分析

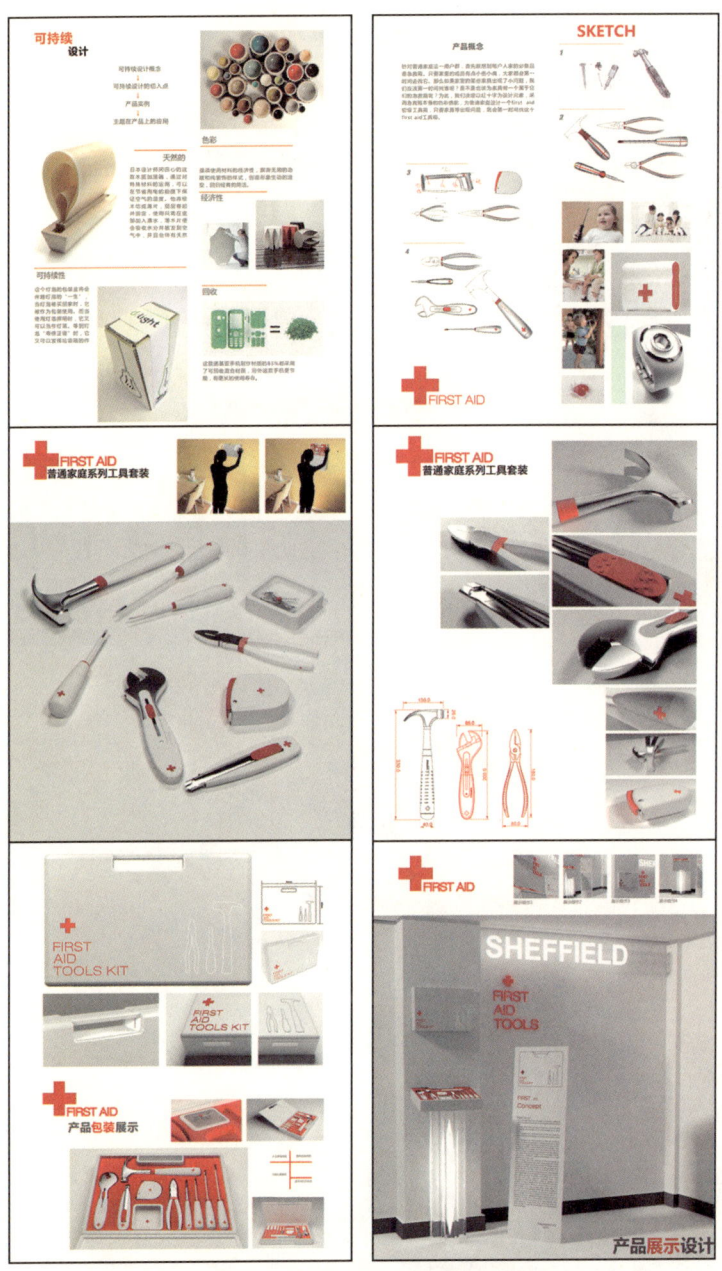

图 7-22 FIRST AID——家庭工具套装
设计团队成员：王贤凯、邓森、李萍、章徐涛、朱虹珍
设计指导：Prof. Alessandro Deserti、Prof. Alberto Sala、钱晓波博士
制造商：杭州巨星科技股份有限公司
专利号：ZL 201030282132.0

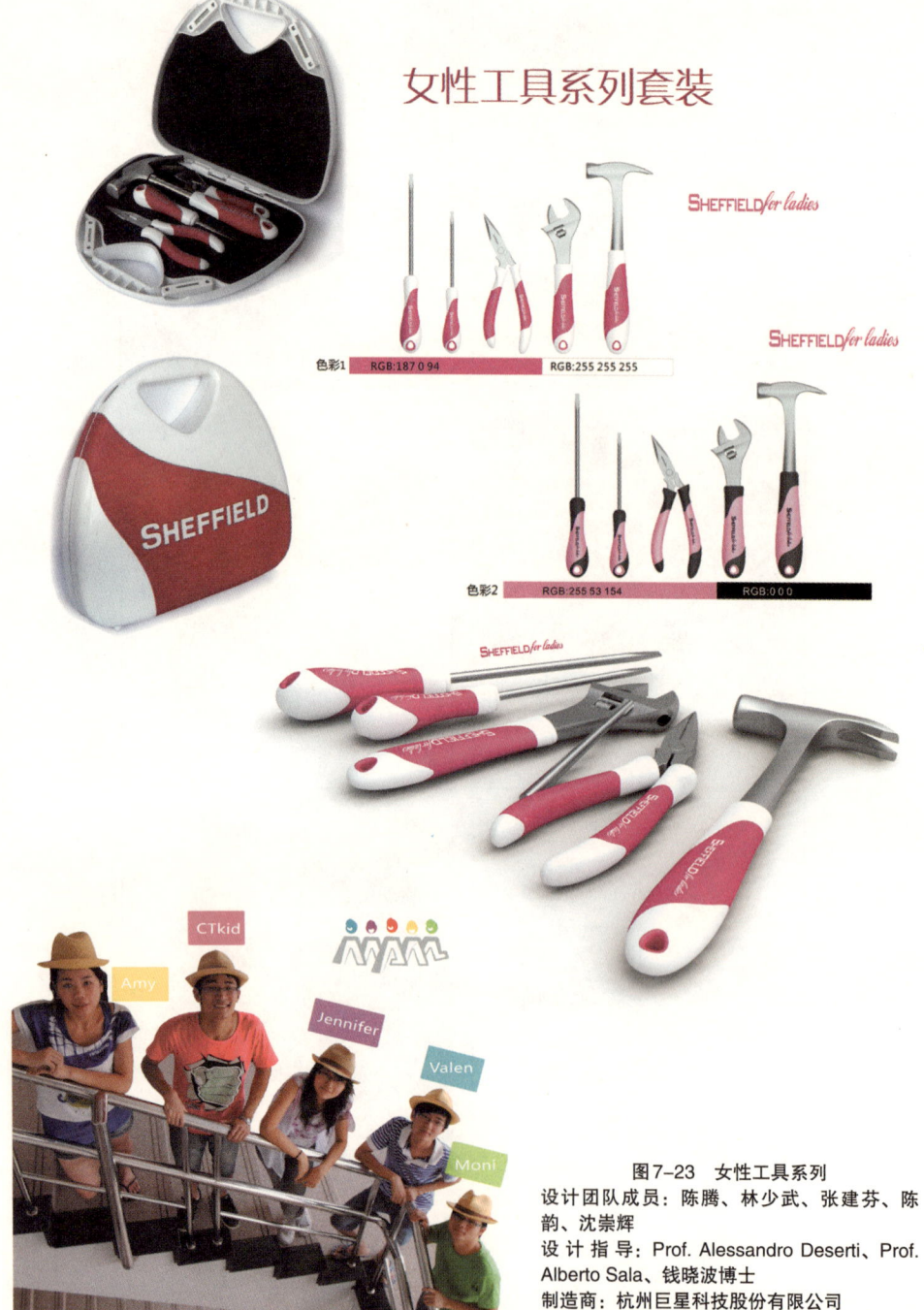

女性工具系列套装

SHEFFIELD *for ladies*

SHEFFIELD *for ladies*

色彩1　RGB:187 0 94　　　RGB:255 255 255

色彩2　RGB:255 53 154　　　RGB:0 0 0

SHEFFIELD *for ladies*

图7-23　女性工具系列
设计团队成员：陈腾、林少武、张建芬、陈韵、沈崇辉
设计指导：Prof. Alessandro Deserti、Prof. Alberto Sala、钱晓波博士
制造商：杭州巨星科技股份有限公司
专利号：ZL 201030282149.6

7.3 感知能力

以互联网和虚拟技术为代表的高科技在某种程度上让人远离"感知"而进入"虚拟"的世界，例如越来越普遍的触摸屏将人们对触觉的认知压缩到了薄薄的一层晶片。由此带来的后果是现代人没有时间和机会去体验生活中的细微的知觉感受。感觉和知觉在心理学中称为"感知觉"。人们通过感官获得了外部的信息，而这些信息都是零散的，必须经过大脑的加工，然后形成对事物整体的认识，这个过程就是知觉。因此，知觉就是对感觉获得的信息进行综合判断的活动。正是靠着这种感知能力，我们才能够进行正常的日常生活。佐罗教授主持的创意设计营从某种意义上说就是对感知能力的训练。

面对一个苹果，就会感知到这个苹果是绿色的，会感知到苹果的清香，也会感知到苹果的沉甸甸，这就是"感觉"。接着，感觉的信息会组合起来，通过唤醒以往的经验，进行综合判断后得出结论——"这是一个苹果"。这个判断的过程在心理学上叫做"知觉"。如果对某个事物已经有了知觉，再进一步加入记忆和推论等思维过程，就形成了"认知"。拿前面的例子来说，苹果的特征、种类、给人的印象，以及苹果的营养价值等，都属于认知的范围。

当一个问题的成功解决取决于知识而不是体力时，解决这类问题的能力被称为认知技能。学校教育在很大程度上就是提高学生的这种认知能力。在如何提高认知能力的问题上，传统教育过分强调学生通过解读说明性的教材获得有关陈述性知识，即本书前面提到过的"读、写、算教学模式"。其依据是把认知看作是一种纯精神现象。事实上脱离人体各种感觉参与的教学是僵化的知识灌输型方法，与培养创造型人才相去甚远。

现代脑科学研究已经证明：人脑所有区域都与认知有关，包括负责加工的额叶、负责视觉信息输入和视觉成像的枕叶、负责感官分类的顶叶、负责运动的小脑以及负责情绪反应的中脑。《艺术教育与脑的开发》一书中写道："背侧视觉系统（传统上认为其负责定向，但现在已经认识到该系统表征对目标的编码）、腹侧视觉传统（与物体的操作和转换有关）和颞叶（对加工的语言进行储存和提取）都只是整个复杂的相互作用系统中的一部分。呼吸、肌肉控制、心情、心率和无数的决定使得我们能够进行学习。身体为思维学习制定内容。思维不再是单纯的思维，而身体也不再是孤立的身体。"⑤感知能力的培养，是通过训练学生的手、眼的准确性、协调性和空间方位的知觉性，提高其手部动作的灵活度和实际操作能力，从而提高学生的思维力、判断力和创造力。前苏联著名教育实践家和教育理论家瓦·阿·苏霍姆林斯基曾经说过："手是意识的伟大培育者，又是智慧的创造者。"发达国家的高等教育对如何开发学生的感知世界作了积极的引导，可以从下面几件学生作业中看出这种教学特色。

如图7-24所示是一架名为"Rhythm #312"的梯子，课题讨论的是人在行动中的旋律性，梯子特别的蹬脚设计要求人们寻找到一个属于自己的攀登韵律；图7-25所示为透明材料制作的壶，其特别之处是壶嘴部分有三种不同的出水口，从不同的出水口倒水，使用者会体会到三种不同的水声。还有一个作业据说是由一系列玻璃水壶和杯子组成，作品是为了探索水在不同容器中流动的声音和旋律，其中的一个壶身上连接了好几个球状凸起，水在这些球体内流转的时候，空间的改变和碰撞自然形成了独特的旋律。

 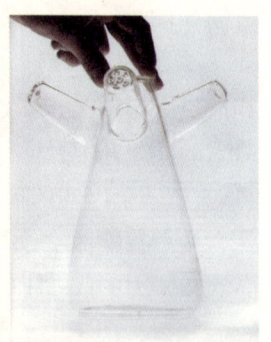

图7-24 Rhythm #312梯子，设计：Chiara Onida（英国圣马丁艺术与设计学院学生）

图7-25 Piano-forte-mezzoforte水壶，设计：Chiara Onida（英国圣马丁艺术与设计学院学生）

图7-26是一部折叠扩音器，作者运用平板音响技术，设计出一个便携小音箱。奇妙的是这个扩音器是由许多三角形连接而成，折叠起来就像一个三明治，逐个打开音量会随着打开片数多少而高低不同。作者解释说："你想象一下，这每个三角形的单元都是一张独立的嘴巴，每打开一片都像打开了多一张的嘴，就多了一个人为你歌唱。"一组折叠音响就如同一个小小的合唱团！这个作业除了情感因素之外，作者希望在他的设计里讨论直觉动作与看不到的音量刻度之间的关系，经由一个折叠动作，将看不到的音量变化显示为可见的有形的实体，让人不禁觉得其真实的存在感。

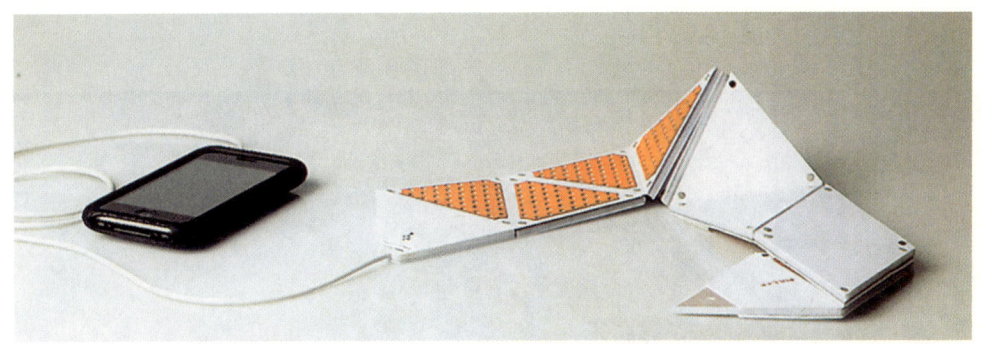

图7-26 折叠扩音器，设计：杨竣杰（英国圣马丁艺术与设计学院学生）

发达国家的教育界在开发学生的感知能力方面作了各种探索，并把感知能力作为衡量学生综合能力的一个指标。有一经典案例是"高考试题"：一张铅画纸，两个鸡蛋，3个小时中用纸做鸡蛋的包装设计。评分标准：在一米高的位置上将"作品"往下落，鸡蛋完好无损，考试通过，反之就落选。这其中考验一个学生的构造、材料运用、数学等各方面能力，最主要的还是直觉感悟能力。而这种能力在考前是无法死记硬背解决的。下面是名为"感觉光线"、"连接"和"折叠物架"的课题训练。

训练课题39：感觉光线

• 光源有自然的和人造的两种，在建筑、环境和灯具设计等领域，设计师的工作在很大程度上就是控制光线，来获得最佳光照效果。

• 课题要求通过发现材料的软与硬、粗糙与细腻、新与旧的对比，在光的透射下改变材料原有的视觉特性，在给人的第一印象中体现出材质所蕴含的意境。

• 本课题不在于对材料原来状态的利用，而在于怎样使材料表面状态通过人的视觉和触觉而产生美感。

• 材料：各种纸材。

图7-27 感觉光线 设计：吴叶、赖耀先、吴立立、严佳宇

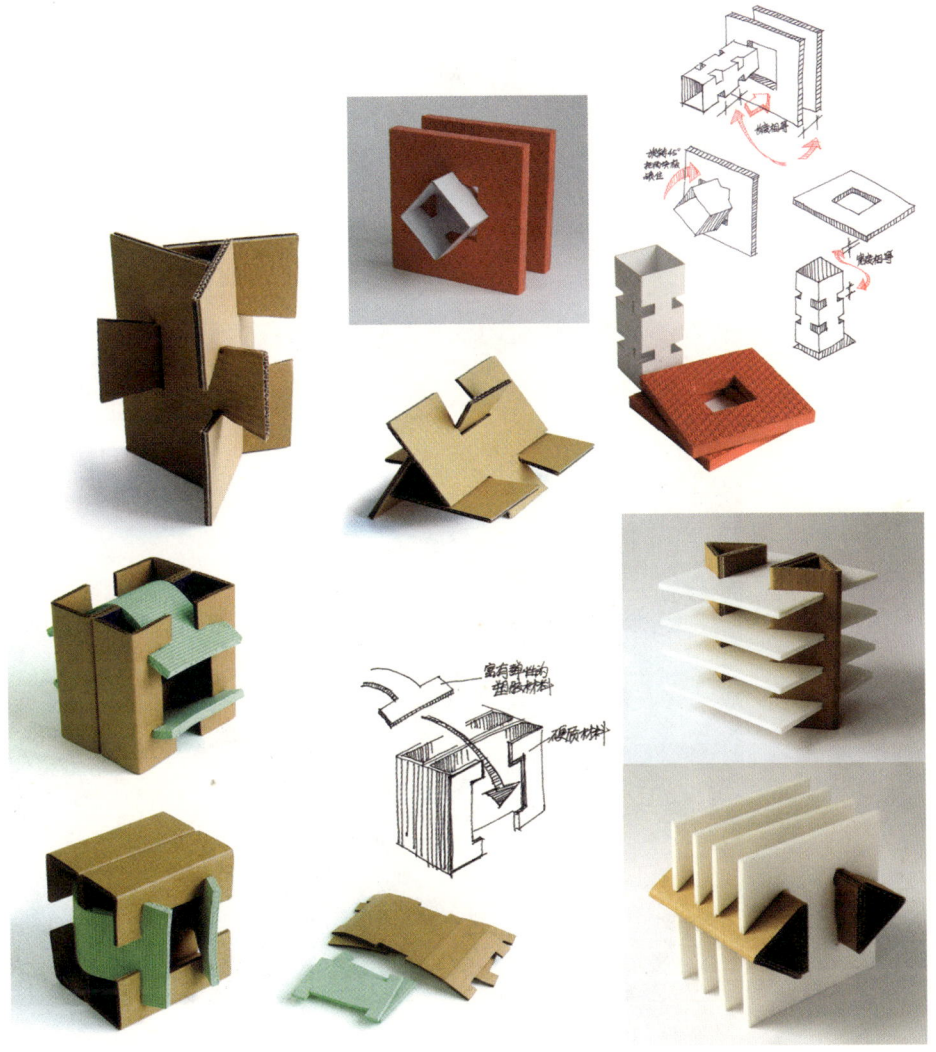

图7-28 连接 设计：吴立立、陈强、王贤凯、叶磊、郑书洋

训练课题40：连接

• 寻找合适的材料，设计一种创新连接（连接方式不得使用胶粘剂）。

• 首先要确定基本形，基本形之间必须能自由拆卸，并能组合成一个结构稳定的整体。

• 要充分运用感知能力研究材料特性与形态连接的可能性。

• 模型尺寸：160×160×160范围之内。

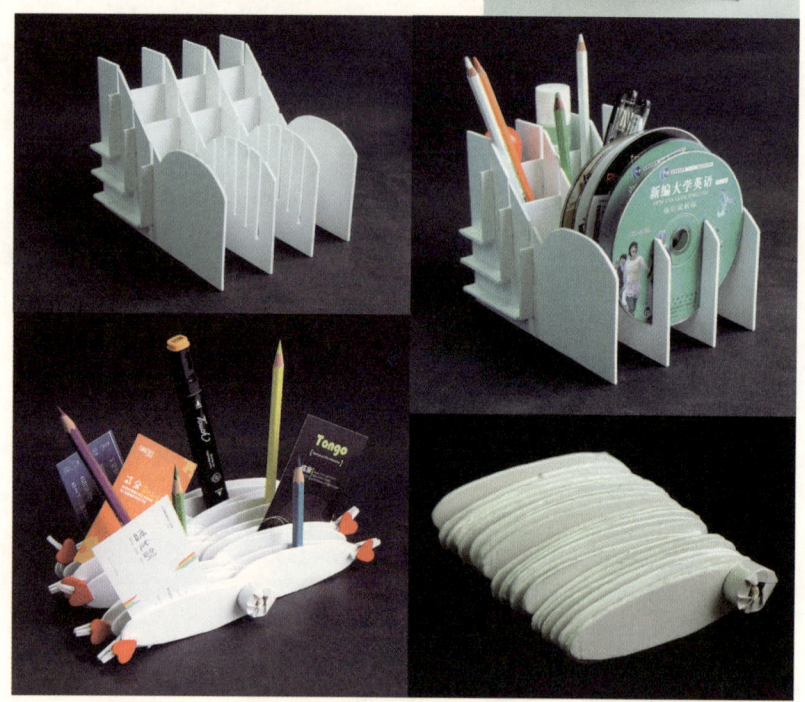

图7-29　折叠物架　设计：沈崇辉、邓森、严溢飞、梅超能

训练课题41：折叠物架

· 以塑料片、纸材为材料，设计制作与自己日常生活有关的各种架子。

· 要充分体现片材特性、设计合理的插接结构。原则：省材、结构简练而且巧妙，不得使用胶粘剂。

· 不作材料表面装饰，以材质和造型结构体现美，材料不限。

· 对设计作品的魅力写出描述性文字，包括功能说明、使用说明。画出展开图以及使用时的彩色图片。

7.4 教育创新

长期以来，我们的教育越来越强调抽象知识和概念的传授，而忽视了对感知觉能力的培养。学生对身边事物所激发出来的鲜活感受常常被抽象的课本知识所淹没，在生活中对各种事物的感受能力远没有得到开发。从这个意义上说，我们的教育在有意无意之中遏制了学生创造性思维的形成。其实，所谓的"知识"有两种类型：便于与他人沟通或交流的"言语知识"（Explicit Knowledge），以及无法用言语与他人沟通的"意会知识"（Tacitt Knowledge）。尽管人们普遍重视"言语知识"，实际上任何人的"意会知识"远多于"言语知识"，这是现实生活中每个人都能体验到的客观事实。在阿恩海姆看来，视觉思维之所以具有创新功能，就是在视觉意象的诱导下，可以把"意会知识"向"言传知识"转化。

视觉思维的特征表明了人类认识活动的感性与理性之间内在的交汇与融合，揭示了人类创新思维的基本内涵。阿恩海姆的这个理论对我国教育改革具有重要的意义，它不仅确立了知觉和思维之间的统一关系，还指明了在现代教育中的作用。重视对学生视觉思维能力的培养和训练，科学地运用视觉思维及其意象的创新功能，这是教育工作者要研究的课题。

重视培养学生的感知能力，特别是视知觉能力，就是在开启"心灵的眼睛"——人类探索未知、发现新事物、创造新天地的能力。这种能力的培养实际上就是"素质教育"的重要部分，而这种素质的培养更多的是由一些看似无用的人文、艺术课程来承担的。《艺术教育与脑的开发》中的一段话点明了其中的原因："计算机将运用前所未有的方法收集、修正、处理数据。更新的软件将以不可思议的新颖方式来计算、分类、概括、写作、编辑、构图以及呈现知识。但是，使我们之所以成为人类的是这一最有价值的禀性——那是一种能力：恰当地调整、表达及把情绪引入艺术（如音乐、表演、运动、绘画和设计）中来的能力。"①哈佛大学教育研究生院的《零点项目》（Project Zero）对现实中的国内教育颇具启发意义。

冷战初期的20世纪50年代，前苏联先于美国83天成功地发射了第一颗人造卫星，这在当时不管是国际还是美国国内舆论上，都对美国政府尤其是高等教育部门产生了巨大压力。舆论认为美国的高等教育在培养高科技人才上出了问题，没有培养出像苏联那样一流的科学家。美国教育界对此经历了10年之久的反思，阿恩海姆的《视觉思维》一书正是在这样的背景下出版的。限于笔者手头资料，对阿恩海姆是否直接参与了课题组的研究活动不得而知，但哈佛大学课题组的研究结论与阿恩海姆的观点却是一脉相承的：美国科学教育的硬件是世界一流的，之所以没有培养出像苏联那样一流的科学家，问题不是出在科学教育上，而是艺术教育上的问题。事实上美国的科学教育与苏联不相上下，而美国的艺术教育则落后于苏联，正是这个原因削弱了科技创造力。最后的研究成果集成于名为《零点项目》的报告中。所谓"零点"，表示对艺术教育认识的空白。研究者决定从头开始。因此这个"零"不是数学意义上的零，而是空白（Nothing更为贴切）。哈佛大学的研究者用了20年时间一直在验证自己的观点：过去人们认为艺术思维与科学思维完全不同，科学思维是逻辑思维，而艺术思维是靠形象思维。而研究者认为艺术思维也要靠逻辑，科学是发现、分析、解决问题的过程，艺术过程同样要发现、分析、解决问题。对于大脑的工作来讲没有区别。研究者认为形象思维和逻辑思维有很多共同之处，可以互相弥补、互相促进，这两种思维方式都是人类重要的思维方式。

参与《零点项目》研究工作的科学家超过了百名，投入了上亿美元的资金，出版了几十本专著、上千篇论文。研究者通过对100多个公立和私立学校作实验，有的从幼儿园起连续进行20年的追踪对比，最终取得的研究成果对美国教育产生了巨大影响，直接导致美国国会1994年3月通过了克林顿政府的《2000年目标：美国教育法》。这在美国教育史上是第一次将艺术与数学、历史、语言、自然科学并列为基础教育核心学科。

有位学者从人的发展角度看，把教育的作用分为三个层次：一是使受教育者知道世界是什么样的，成为一个有知识的人、一个客观的人；二是使受教育者知道世界为什么是这样的，成为一个会思考的人、一个有分析能力的人；三是使受教育者知道怎样才能使世界更美好，成为一个勇于探索和创新的人。因此，培养具有创新精神和创新能力的人是教育的最终目的，教育的任务是为人的发展和创新能力打基础。教育创新的所有内容和目标都应该为此而展开。

注　释：

①［美］R·H·麦金著，王玉秋、吴明泰、于静涛译.《怎样提高发明创造能力》.大连理工大学出版社，1991.P13.

②Workshop可以翻译为"工作坊"或"活动营"，是国外比较盛行的一种学习、研究、交流、合作的活动方式。Workshop通常以1~2周的短期方式，针对某一课题在小范围的参与者中展开信息交流和设计互动。其形式灵活而多样：可以是专业设计团队结合设计课题与学生一起探讨；可以是企业的设计研发部门就品牌发展战略、创新产品开发等内容作探索性的研究；也可以从设计角度针对一些社会问题展开思考和构想。Workshop并不注重解决某一具体的问题，而是通过活跃、自由、互动的交流方式激发创新思维，进行一些开拓性的设计探索及设计远景的规划。

③资料来源：弗朗西斯科·佐罗教授设计营授课课件。

④资料来源：亚历山大·迪赛德教授设计营授课课件。

⑤［美］Eric Jensen著，脑科学与教育应用研究中心译.《艺术教育与脑的开发》.北京：中国轻工业出版社，2005.P91.

⑥［美］Eric Jensen著，脑科学与教育应用研究中心译.《艺术教育与脑的开发》.北京：中国轻工业出版社，2005.P7.

参考文献

1. ［美］鲁道夫·阿恩海姆.视觉思维［M］.北京：光明日报出版社，1986.

2. ［美］鲁道夫·阿恩海姆.艺术与视知觉［M］.北京：中国社会科学出版社，1984.

3. ［美］R·H·麦金.怎样提高发明创造能力［M］.大连：大连理工大学出版社，1991.

4. ［美］保罗·拉索.图解思考——建筑表现技法［M］.北京：中国建筑工业出版社，2002.

5. ［美］Eric Jensen.艺术教育与脑的开发［M］.北京：中国轻工业出版社，2005.

6. ［美］Eric Jensen.适于脑的策略［M］.北京：中国轻工业出版社，2006.

7. ［瑞士］皮亚杰.发生认识论原理［M］.北京：商务印书馆，1997.

8. ［美］Robert J. Sternberg, Louise Spear-Swerling.思维教学——培养聪明的学习者［M］.
   北京：中国轻工业出版社，2008.

9. ［美］Colin Ware.设计中的视觉思维［M］.北京：机械工业出版社，2009.

10. ［美］伊万·莫斯科维奇.提高创造力的100个思维游戏［M］.哈尔滨：黑龙江科学技术
    出版社，2007.

11. ［美］罗伯特·鲁特·伯恩斯坦，米切尔·鲁特·伯恩斯坦.天才的13个思维工具［M］.
    海口：海南出版社，2001.

12. ［英］马尔科姆·克雷格.看清你的思维图谱［M］.北京：中国机械工业出版社，2003.

13. ［美］S·阿瑞提.创造的秘密［M］.沈阳：辽宁人民出版社，1987.

14. ［英］东尼·博赞.思维导图［M］.北京：外语教学与研究出版社，2005.

15. ［英］特瑞·霍尼，西蒙·伍顿.大脑训练法［M］.天津教育出版社，2009.

16. ［日］杉浦康平.造型的诞生［M］.北京，中国青年出版社，1999.

17. ［美］麦克尔·盖博.像达·芬奇那样思考［M］.北京：新华出版社，2002.

18. 刘道玉.创造思维方法训练［M］.武汉大学出版社，2009.

19. 庄寿强，戎志毅.普通创造学［M］.徐州：中国矿业大学出版社，1997.

20. 宿春君.开发大脑潜能的600个智慧游戏［M］.北京：中国编译出版社，2008.

后　记

　　社会上不时有对现时大学教育"培养不出一流的创新人才"、"在某种程度上是在扼杀学生的创造天性"等的责问，不但中国有"钱学森之问"，此类责问在欧美发达国家也不绝于耳，搅动着一轮又一轮的教育改革浪潮。50年前因尖端空间技术的暂时落后而引发全美上下讨论，最终以哈佛大学《零点项目》的研究成果导致美国国会通过新的教育法。2011年初，一本《Battle Hymn of the Tiger Mother》（虎妈战歌）的出版挑起了新一轮对基础教育的论战，这个"并不和谐"的家庭教育故事居然登上了《时代周刊》的封面而震动美国社会。这种来自全社会的反省力量是伟大的！与其说是担心教育出问题，不如说是在关注国家的未来。

　　阿恩海姆的《视觉思维》一书1986年被编入"美学丛书"在中国出版了，当时正是国内哲学美学热时期，我以拜读美学名著的心态浏览过。几年前，在阅读资料时发现了20世纪中哈佛大学的《零点项目》以及那场涉及全美的讨论，突然觉得阿恩海姆的视觉思维理论与《零点项目》的研究结论是一致的：创新，不仅仅依靠抽象的理性思辨能力，更多的来源于人的感官知觉能力，包括视觉、听觉、触觉、动觉等。对于学校教育来说，这些能力的培养恰恰是以被忽视的人文、艺术课程来完成的。当然，并不是所有"艺术课程"都能开发创造性思维能力，教什么？怎么教？才是问题的关键。本书是笔者在近5年时间内，对上述问题思考、探索，并在教学实践中运用的记录。

　　《读者》曾刊登过一篇短文：许多世界一流大学都设有商学院和法学院，而美国的普林斯顿大学却没有。每过20年，校长们都要讨论是否设立这两个学院的问题，但每次的答案都一样："不"！普林斯顿放弃了商学院和法学院这两个在大学里几乎是最赚钱的学院，却决定大力发展一个看起来最不赚钱的专业——艺术系。艺术课程的设置与就业没有任何关系，纯粹出于满足学生的需要。在雪莉·蒂尔曼校长（Shirley M. Tilghman）看来，这些看似无用的课程相当重要。因为这种修养会伴随着一个人的一生，而就业只是暂时的。看来，普林斯顿的办学理念能给我们带来某种启示。

在本书出版之际，特别感谢中国建筑工业出版社给我提供这次出版机会，感谢杭州电子科技大学工业设计系师生对本课题研究和教学提供的支持，尤其感谢董洁晶、刘星老师在资料收集、外文翻译等方面的帮助；感谢中国农业出版社的姚佳编辑提供了很有价值的资料。为了方便与读者交流，我将陆续在博客中（http://blog.sina.com.cn/hdyedan）把有关视觉思维的教学资源及相关的学生作业放在上面，并期待与各位互动与沟通。

限于笔者的学识水平，本书不可避免地存在不足之处，恳请专家学者批评指正。

叶　丹

2011年5月19日于杭州下沙高教园区